Doris Lessing

Das Leben meiner Mutter

Doris Lessing

Das Leben meiner Mutter

Aus dem Englischen
von Adelheid Dormagen

Verlag Klaus Wagenbach Berlin

Die englischen Texte erschienen 1985 und 1986 unter den Titeln *Impertinent Daughter* und *My Mother's Life* bei Granta in London die deutsche Erstausgabe 1987 als Taschenbuch im Verlag Klaus Wagenbach, Berlin.

MIX
Papier aus verantwortungsvollen Quellen
FSC® C014889
FSC www.fsc.org

Wagenbachs Taschenbuch 869

Emser Str. 40/41, 10719 Berlin www.wagenbach.de
Umschlaggestaltung Julie August. Das Karnickel auf Seite 1 zeichnete Horst Rudolph. Das Frontispiz zeigt ein Photo der Eltern zur Zeit ihrer Hochzeit. Foto der Autorin
 Gesetzt aus der Caslon. Gedruckt und gebunden bei Pustet, Regensburg.

ISBN 978 3 8031 2869 0

EIN PHOTO MEINER MUTTER zeigt sie als fülliges Schulmädchen mit rundem Gesicht und einer Zuversicht, die ich nicht anders als ›viktorianisch‹ nennen kann. Ihr Haar ist mit einer schwarzen Schleife nach hinten gebunden. Sie hat ihre Schuluniform an, eine weiße, weite Bluse und einen langen, dunklen Rock. Auf einem fünfundvierzig Jahre später aufgenommenen Photo erscheint sie als ein hageres, ernstes altes Geschöpf, das tapfer aus seiner Welt von Enttäuschung und Mißerfolg blickt. Sie steht neben meinem Vater, die Hand auf seinem Stuhlrücken. Er muß sitzen: wie immer, er ist krank. Es ist offensichtlich, daß er sich nur so eben aufrecht hält, aber sein Anzug ist tadellos, sicherlich hat sie ihm gesagt, die Mühe sei er sich schuldig. Sie trägt ein recht schick geschnittenes Kleid, das aus einem im Ausverkauf ergatterten Reststoff genäht ist.

Vom Unterschied der beiden Aufnahmen muß dieser Erinnerungsbericht handeln. Anscheinend habe ich ein Leben dazu gebraucht, meine Eltern zu verstehen, von einer Verwunderung in die andere stolpernd. Es gibt einen geheimnisvollen Vorgang, der erschreckend ist, da sich daran überhaupt nichts ändern läßt: er führt dich aus grimmiger Jugendzeit – als stünden sich die Eltern und du schwerbewaffnet auf einem Schlachtfeld gegenüber – dorthin, wo du im Geist jederzeit den Platz einnehmen kannst, auf dem sie selbst einstmals standen.

Erst beim Schreiben fiel mir auf, daß ich über meinen Vater schreiben konnte, ohne jenes Schreckenswort ›Klasse‹ erwähnen zu müssen; doch bei meiner Mutter ist das anders. Sie konnte sich in ihren Anschauungen nie aus dem Klassendenken lösen, aber sie sah eigentlich auch nicht ein, warum. Klassenzugehörigkeit war damals eine Zwangsjacke, eine Pflicht, etwas Lähmendes. Und meine Mutter war einzig ein Kind ihrer Zeit, ihrer Umgebung: London, Großbritannien, das Britische Weltreich. Aber dieses lag in den letzten Zügen: eine Vorstellung, die sie als verräterisch, verdreht und schwächlich abgetan hätte.

An der Lehmwand des alten Hauses auf der Farm in Afrika, wo ich aufwuchs, hing in einem reichverzierten Rahmen ein großes Porträt meines Großvaters McVeagh. Er steht neben seiner zweiten Frau. Ein fettgesichtiger, überfressener Mann, dessen Haar zu beiden Seiten des Scheitels glatt anliegt. Er trägt einen eleganten, engsitzenden Anzug und über der Brust eine Goldkette. Ich verabscheute diesen selbstgerechten Spießbürger so stark, daß ich meiner Mutter nicht zuhören mochte, wenn sie von ihm erzählte, da ihre Erinnerungen mir nur wie ein weiterer Versuch vorkamen, mich an sie zu binden. Waren sie und mein Vater denn nicht aus England geflohen? Warum wollte sie dann mich wieder mit diesem Leichentuch umhüllen? Ich versperrte meine Ohren, und heute tut es mir leid darum. Wer zum Beispiel war jene vornehme, verwöhnt aussehende Dame, die er geheiratet hatte? Sie war Jüdin, mit einer feinen, gebogenen Nase und zarten Händen. Ihr Kleid war ein Traum aus Stickerei, Biesen und Spitzen. Sie kam aus einer anderen Welt, ihrer Natur nach zumindest, wenn nicht der Klasse nach. Vermutlich eine Gouvernante. Es hatte ihr jedoch beliebt, ihn zu heiraten: ein Gedanke, der mir lange Zeit nicht gekommen war; er ging zwei romantische Ehen ein, dieser spießige Bankdirektor.

Einmal überfiel mich die Neugier zu erkunden, wer meine Vorfahren waren, und bevor ich merkte, was für eine umständliche und langwierige Angelegenheit das ist, und es aufgab, entdeckte ich die Geburtsurkunden der McVeaghs aus Exeter und Maidstone. Sie hießen alle John und Edward und James und waren Feldwebel im Kavallerieregiment. Um es kurz zu machen, mein Großvater McVeagh, oder bereits sein Vater, hatte den Sprung in den Mittelstand geschafft, und er war ein Aufsteiger, wie er im Buche steht. Doch in erster Ehe war er mit Emily Flower verheiratet gewesen, der Tochter eines kleinen Reeders.

Eine Liebesheirat. Es gibt kein Bild von Emily Flower. Wohl deshalb, weil sie ein einziges Unglück war. In meiner ganzen Kindheit hieß es von dieser Großmutter immer: »Sie war sehr hübsch, aber sie hatte nur Tanzen und Pferde im Kopf.« Das wurde begleitet von einem kurzen Naserümpfen, wahrscheinlich vom Dienstpersonal übernommen, das die Kinder aufzog, nachdem die gottlose Emily bei der Geburt ihres dritten Kindes gestorben war, was, wie der Tonfall meiner Mutter verriet, ihr recht geschah. Das war 1888, und Emily war zweiunddreißig Jahre alt. Aber wie war es möglich, daß die Frau eines

Bankfilialleiters in einem Londoner Vorort die ganze Zeit über tanzen konnte und verrückt nach Pferden war? In Blackheath? Laut meiner Mutter stand in Blackheath das große, düsterkalte Haus; aber auf Emilys Sterbeurkunde heißt Canning Town.

Meine Mutter, Emily Maude, war das erstgeborene Kind. Dann folgte Onkel John. Danach Muriel, die sich und der Familie Schande bereitete, indem sie sich wieder zurück in die Arbeiterklasse verheiratete. Kaum überraschend, urteilte meine Mutter, denn Muriel hatte sich schon immer mit dem Dienstpersonal am wohlsten gefühlt. Anders ausgedrückt, sie fühlte sich nicht wohl in einer Atmosphäre erbitterter Konkurrenz, bei der es nur ums Weiter- und Höherkommen ging.

Es war ein kaltes Zuhause. Ihr Vater, so romantisch in der Liebe, führte bei seinen Kindern ein strenges Regiment, wie es dem Ruf viktorianischer Väter entsprach: mit der Rute und ohne Liebe. Zuneigung gab es keine von der eleganten Stiefmutter, die pflichtbewußt und korrekt war und Kinder nicht verstand. Ich habe nicht ein einziges Mal gehört, daß meine Mutter von ihrem Vater mit Wärme gesprochen hätte. Achtung, ja; verordnete Bewunderung gewiß. Niemals aber Liebe. Was ihre Stiefmutter betraf, so hätte sie jemand auf Besuch sein können oder eine entfernte Verwandte.

Emily war eine begabte Schülerin, viel begabter als ihr Bruder John, der für die Marine bestimmt war und dem die Prüfungen schwerfielen. Ständig mußte man ihm Nachhilfe geben, ihn aufmuntern und anspornen. Sie liebte Prüfungen, war die Beste ihrer Klasse, schwärmte für Mathematik, und eine Zeitlang sagte man ihr eine Karriere als Pianistin voraus.

Die Kinder wurden, wie es in dieser Forsyte-Welt schicklich war, auf alle öffentlichen Jubel- oder Trauerveranstaltungen mitgenommen; und meine Mutter sprach von der Mafeking-Nacht, von Königin Viktorias Begräbnis, von der Krönung Edwards VII., von Ausstellungen, den Besuchen des deutschen Kaisers und ausländischer Regierungsoberhäupter, als wären diese Ereignisse die einzig mögliche Art, den Verlauf einer Kindheit zeitlich zu markieren.

Gab es auch kaum Familienleben, so herrschte doch ein reges gesellschaftliches Leben mit vielen Freunden, zu denen sie jahrelang Kontakt hielt, selbst später von der Farm in Afrika aus. Sie spielte Tennis, Lacrosse und Hockey und machte Fahrradtouren. Es wurden musikalische Abende veranstaltet. Sie zeichneten Porträts voneinander und aquarellierten geeignete Landschaften; schrieben humoristische und sentimentale Verse aus Anlaß von Geburtstagen und Jahrestagen. Sie preßten Blumen und sammelten Muscheln, Vogeleier und Steine. Sie gingen ins Theater und anschließend ins Trocadero zum Abendessen. Das alles spielte sich in London ab: Sie war zutiefst großstädtisch, diese Frau, die sich auf einer Farm im Buschland wiederfinden sollte.

Der modern eingestellte John William McVeagh, stolz auf seine begabte Tochter, hatte für sie die Universität im Auge, sah sich aber einem rebellischen Mädchen gegenüber, das Krankenschwester werden wollte. Er war entsetzt, völlig überrumpelt. Mädchen aus dem Mittelstand wurden keine Krankenschwestern, und von Florence Nightingale wollte er nichts hören. Jede Dienstmagd konnte Krankenschwester werden, und bleibst du dabei, dann keinen Schritt über meine Schwelle! Na schön, sagte Emily darauf und ging an das alte Royal Free Hospital, um ihre Ausbildung zu beginnen. Es war hart: Die Bedingungen waren schlecht, die Bezahlung gering, aber sie machte ihre Sache gut, und nach einem glänzenden Abschluß war ihr Vater bereit, ihr zu verzeihen. Sie hatte es ganz allein geschafft, ohne ihn.

Wen hat sie eigentlich geliebt, dieses arme Mädchen, das ohne Zuneigung aufgewachsen war? Sie mochte ihren Bruder John, aber das war keineswegs ein unkompliziertes Gefühl, und natürlich lebte er die meiste Zeit im Internat. Ihre Schwester Muriel lag ihr nicht. Die zahlreichen und wechselnden Freunde? Anständige Kerle, Kameraden halt ... Warum kämpfte sie so erbittert darum, Krankenschwester zu werden, wenn nicht aus dem Bedürfnis heraus, sich um jemand zu kümmern, für ihn zu sorgen und darum geliebt zu werden? Dieser Gedanke ist mir jetzt erst gekommen: ich hätte ihn früher schon haben können.

Nach dem Abschluß ihrer Ausbildung nahm sie soweit wie möglich ihr gesellschaftliches Leben wieder auf. Sie hatte den Traum aufgegeben, Pianistin zu werden, doch spielte sie weiterhin in Kirchen die Orgel, zum Beispiel in Langharn Place. Sie war, in bescheidenem Maß, Teil des musikalischen Lebens von London. »Ich hätte eine richtige Konzertpianistin werden können«, pflegte sie bis ans

Der Vater im ersten Weltkrieg

Ende ihrer Tage zu sagen. »Ich hatte alle Diplome. Die Prüfer haben mir geraten, ich sollte weitermachen.« Ich wundere mich über ihre Energie. Krankenschwestern arbeiteten damals schwerer als heute. Doch da fanden musikalische Abende, Konzerte und Ausflüge statt. Auch Ferien machte sie – immer Seereisen, denn sie liebte das Meer. Sie las auch, wie mein Vater. Beide kannten genug von Wells und Shaw, um sich beeindrucken zu lassen, und beide beurteilten die Gesellschaft von einer Warte kritischer Unabhängigkeit. Es gab eine Generation von jungen Leuten vor dem Ersten Weltkrieg, für die Wells und Shaw dieselbe Mentorenrolle hatten wie später Orwell.

Dann brach der Krieg aus. 1914. Sie war Schwester im Royal Free Hospital und pflegte die verwundeten Soldaten, die in ganzen Zugladungen von den Schützengräben ankamen. Sie hatte ein Album mit Widmungsversen von Männern, die sie durch ihre Pflege dem Leben zurückgegeben hatte, und darin erscheint sie als die traditionell strenge Oberin mit dem Herzen aus Gold.

Mein Vater kämpfte zu jener Zeit im Schützengraben. Er war zweimal in den Gräben. Die erste Zeit wurde durch einen Blinddarm im rechten Augenblick beendet, ansonsten wäre er mit der gesamten Kompanie in der Sommeschlacht gefallen. Die zweite fand ebenfalls im rechten Augenblick ihr Ende, als er verwundet wurde – Granatsplitter im Bein –, was ihn davor bewahrte, mit den übrigen Männern der Kompanie bei Passchendaele umzukommen. Ich weiß nicht genau, wie lange er in den Schützengräben kämpfte, aber insgesamt waren es Monate. Er sagte, er habe Glück gehabt, daß er nicht gleich ein dutzendmal hintereinander umgekommen sei. Aber der Krieg erledigte ihn dennoch: er verlor ein Bein und war seelisch geschädigt. In den Kampf war er tatenfroh und optimistisch gezogen und kam zurück mit dem, was damals Schützengrabenneurose hieß. Er lag monatelang im Bett. Meine Mutter pflegte ihn. Er war schwerkrank, sagte sie, und das Beunruhigendste war sein Geisteszustand.

Ich habe von ihm eine Aufnahme im Bett des Royal Free Hospital, ein gutaussehender Mann, aber mit nur einem Bein und voll innerer Qual. Am Bettrand sitzt Schwester McVeagh mit ihrem weißen Häubchenschleier und näht, den Blick auf die Handarbeit gesenkt. ›Als man an sie noch nicht dachte‹, lautet die Unterschrift, gemeint bin ich, ihr erstes Kind. Das Datum ist September 1917.

Sie war dreiunddreißig, ein Jahr älter, als ihre Mutter gewesen war, die bei der Geburt des dritten Kindes starb. Schwester McVeagh stand vor einer schweren, sehr schweren Entscheidung. Man hatte sie gefragt, ob sie die Leitung des St. George's Hospital übernehmen würde – eine Ehre in ihrem Alter. Gewöhnlich wurden viel ältere Frauen mit der Führung von Krankenhäusern beauftragt. Aber was sie mochte, war Krankenpflege: Wollte sie Verwalterin werden? Auch waren Oberinnen die reinsten Feldwebel! Sie selbst hatte unter ihnen gelitten; sollte sie also den Posten wählen? Und hier war Hauptmann Tayler, den sie sehr liebgewonnen hatte und der sie heiraten wollte. Es gab keine Männer mehr, alle waren gefallen. Würde sie nochmals einen Antrag bekommen? Sie hatte immer geglaubt – immer hatte man es ihr gesagt –, daß sie nicht besonders aussehe. Wollte sie ihn heiraten? Wollte sie überhaupt heiraten, wo ihre wirkliche Liebe, der Mann, den sie hätte heiraten sollen, tot war?

Es war ein Assistenzarzt im Krankenhaus gewesen, mit dem sie sich, wie mein Vater bestätigte, gut verstanden hatte. Sein winziges Bild, aus der Zeitung herausgerissen, die seinen Tod auf einem von Deutschen versenkten Schiff mitteilte, stand für alle Zeit auf ihrer Frisierkommode. Er hatte ein weiches, jungenhaftes Gesicht. Mein Vater, der nur gequält von ihm sprach, hatte das gute Einvernehmen zwischen ihnen, seinen Tod, das Unglücklichsein meiner Mutter beobachtet. »Deine arme Mutter«, sagte er häufig, »er war ein guter Kerl, der junge Arzt damals.«

Sie brauchte lange, um sich zu entscheiden, und all die Anspannung machte sie krank. Als Krankenschwester hätte sie wissen müssen, was ihr bei einem so geschädigten Mann bevorstand. Später sagte sie oftmals: »Hätten wir, als wir jung waren, geahnt, was auf uns zukommt, dann ...«

Sie hatte überhaupt keine Vorstellung, weder damals noch sonst je, von der geistigen Welt, in der mein Vater lebte. Ich meine damit nicht nur seine Nachkriegsdepression. Er besaß einfach eine Dimension, die ihr fehlte. Lange Zeit dachte ich, es sei der Schrecken des Krieges, der ihm sein Feingefühl gegenüber anderen Menschen, die Großzügigkeit in seinen Anschauungen beigebracht hatte. Ihre früheren Erfahrungen waren schließlich nicht so verschieden gewesen. Seine Erziehung war genauso schlimm wie ihre gewesen – *brutal*, wollte ich sagen, ja, das Wort kann stehenbleiben. Ihre ungeduldige Hartherzigkeit, so dachte ich früher, war das Erbe ihrer Kindheit. Aber er war in der Schule und zu Hause viel geschlagen, übermäßig streng erzogen und kraß mißverstanden worden. Er, nicht anders als sie, war, sobald es ging, ausgebrochen. Jahre später traf ich Leute, die ihn als jungen Mann gekannt hatten – und der Krieg hatte nur seine Natur in ihren Grundzügen bekräftigt: er war schon immer nachdenklich und gleichmütig gewesen. »Dein Vater hatte seine eigene Art, die Dinge zu sehen«, schluchzte eine frühere Freundin, »und häufig hätte ich lieber nicht gewußt, was er dachte.« Und eine zweite meinte, nicht ohne Vieldeutigkeit, nie sei sie so gut verstanden worden wie von ihm. Er war freundlich; er war großzügig; sie hatte keinen wie ihn kennengelernt; aber er hatte etwas Losgelöstes an sich, das nicht leicht hinzunehmen war. Und diese Losgelöstheit war Teil seiner ausgeprägtesten Eigenart: Verständnis für die Unbeständigkeit, den Wechsel.

Ich glaube, es war wegen seines Wesens, das so verschieden von dem ihren war, daß meine Mutter ihn heiratete. Sie wußte um ihre eigenen Grenzen – wie sollte sie auch nicht, wo sie sich täglich soviel Großmut gegenüber sah? »Verstehst du denn nicht, Mädchen, daß die Dinge nun mal so *sind*?« pflegte er zu sagen, verwundert über ihre Kleinlichkeit, ihre Blindheit: Er hatte wieder das *Leben* dabei beobachtet, wie es eins seiner Spielchen trieb. Ihn überraschte das nicht, er war interessiert, sie dagegen immer rebellisch.

Um ihr Dilemma zu verdeutlichen: Was sie am meisten an ihm schätzte, was sie einer Großmütigkeit näherbrachte, von der sie ohne ihn nie erfahren hätte, war genau das, was sie beide zugrunde richtete: diese feine Denkweise, sein weitblickender Geist untergruben ihr besseres Selbst, ihren großartigen Sinn fürs Praktische. Hatte sie also einen schwachen Mann geheiratet? Aber seine Schwäche war offensichtlich stärker als ihre Kraft und zog sie immer weiter weg von dem, was ihrem Wesen lag. Ein schwacher Mann? Von Natur aus war er nicht schwach; der Krieg hatte ihn deformiert. *Schwach!* Wie sonst könnte man ihn beschreiben? Stets weigerte er sich, ein Urteil zu fällen, Farbe zu bekennen; bestand immer auf dem, was er ›die lange Sicht‹ nannte – man hätte glauben können, er habe vor gar nichts Achtung ... Und dennoch. Das Leben war keine einfache Sache; insgeheim gestand sie sich ein, daß er das Leben womöglich besser verstand, als sie es selbst je vermocht hätte.

Ich stelle sie mir vor, wie sie dem Leben ganz unterschiedlich gegenübertreten. Er blickt ihm direkt ins Gesicht, mit einem finster-grimmigen, ironischen Aha. Sie aber, immer enttäuscht auf eine Art und Weise, wie er nie enttäuscht werden konnte, zeigt eine herausfordernde, leicht verärgerte Miene: sie hat das Leben *schon wieder* bei einer Ungerechtigkeit ertappt: ›Wie kannst du nur!‹ scheint sie gereizt dem Leben vorzuwerfen. ›Es ist nicht recht, sich so zu benehmen!‹ Und dann schnaubt sie ganz kurz und trotzig durch die Nase.

SIE HEIRATETEN. Ihnen stand nicht der Sinn nach einer großartigen Hochzeit. Zum einen waren sie Wells- und Shaw-Anhänger, und Hochzeiten in Weiß waren lächerlich (bald würden sie geradezu obsolet sein!), und zum anderen mißbilligte seine Mutter Schwester McVeagh: Sie werde ihn mit eiserner Hand regieren, sagte diese strenge Herrscherin. Mein Vater war elegant, wie immer, als er noch Wert auf Kleidung legte. Meine Mutter trug ein Kleid, dem sie viel Aufmerksamkeit gewidmet hatte: vor kurzem, als ich an den Jane-Somers-Büchern schrieb, wurde mir klar, daß meine Mutter (sie wäre wohl eine Art Jane Somers, wenn sie heute lebte) sehr viel Freude an Kleidern hatte, auch wenn sie meistens das dazu nötige Geld nicht besaß oder keine Gelegenheit hatte, sie zu tragen.

Noch in der Hochzeitsnacht, scherzten sie, muß meine Mutter schwanger geworden sein, auch wenn sie mit den Aufklärungsschriften von Marie Stopes wohlversorgt waren und sich entschlossen hatten, noch kein Kind zu kriegen, wenn überhaupt. Er war noch so niedergeschlagen: Er schien einfach nicht fähig, sich aus seiner häßlichen geistigen Verfassung herauszureißen. Und sie war krank, sie wußte nicht warum, aber wahrscheinlich überarbeitet vom Krieg. Und dann die Grippeepidemie, überall starben die Menschen dahin: alles war so deprimierend nach dem Krieg. Es war das Jahr 1919.

SIE BRACHEN NACH PERSIEN AUF. Er mußte England verlassen – er konnte es dort nicht aushalten –, warum also nicht nach Persien? Meine Mutter, als Frau ihrer Zeit,

Das Haus in Kermanshah

war bereit, fortzugehen und im Mittleren Osten zu leben, auch wenn sie nichts darüber wußte. Ein enger Freund war Missionar in Japan; ihr Bruder John, der sich in der Kriegsmarine nie zu Hause gefühlt hatte, stand im Begriff, Kautschukpflanzer auf einer malaiischen Insel zu werden.

Persien war damals in verschiedene Einflußzonen unterteilt, hauptsächlich in die französische und in die britische. Großbritannien oblag der Geldhandel, und mein Vater sollte die Leitung der Bank in Kermanshah übernehmen. Vor dem Krieg war er Bankangestellter gewesen, und in die Position zurückkehren zu müssen war furchtbar für ihn; wenigstens kam er jetzt aus England fort, wo er, wie er wußte, niemals wieder leben konnte. Aus dem Schützengraben zurückgekehrt, fühlte er sich wie all die Soldaten dieses Krieges: von den Politikern verraten, die sie belogen und betrogen hatten; verraten von den Zivilisten, die patriotischen Unsinn geschwatzt und keine Vorstellung hatten, wie es in den Schützengräben zuging; verraten von den chauvinistischen Zeitungen; verraten von dem Waffenstillstand, der einen weiteren Krieg unausweichlich machte. Es war dumm, die Deutschen derart zu behandeln, man mußte das auf lange Sicht betrachten. Keiner der Tommys war auf Rache aus. Jeder Tommy konnte den Politikern sagen, wie dumm sie waren. Eine komische Sache, nicht? fragte er sein Leben lang (meine Mutter stimmte ihm halbherzig zu in dem Gefühl, das gehöre sich für sie, während sich ihre Natur dagegen sträubte): Jeder halbwegs normale Mensch könne das sehen, nur die Politiker nicht. Wie komme es bloß, daß die normalen Sterblichen soviel mehr Vernunft haben als die Politiker, wo es doch deren Beruf sei, vernünftig zu sein?

Es war das erste Mal in ihrem Leben, daß meine Mutter eine Menge Kleider brauchte, und sie nahm Schrankkoffer voll davon mit. Sie nahm auch alles Nötige mit für ein mittelständisches Kinderzimmer, wie es ein gewisser Dr. Trudy King und andere kluge Ratgeber vorgeschrieben hatten. Die Babyausstattung bestand aus einem Zwölfersatz von allem und jedem. Windeln, dicke und dünne, und Windeleinlagen. Kinderhemdchen, kurze und lange, Unter- und Überbekleidung. Kinderröckchen in den verschiedensten Längen, aus Flanell und Batist, bestickt und mit Fältchen und spitzengesäumt. Lange und kurze Kleidchen mit Biesen und aus besticktem Batist. Mützen, Schals. Nicht zu vergessen die Nabelbinden aus dickem Stoff, die den Bauch des Babys stützen sollten, als wäre er eine Wunde, aus der die Eingeweide quellen könnten. Diese Ausstattung allein müßte ausgereicht haben, jeder Frau einen Schrecken einzujagen, ihr ein

Gefühl der Hilflosigkeit zu geben, zumindest das Gefühl, eine schwere Prüfung stehe bevor. Das alles setzte natürlich Personal voraus. Schon jene auserlesenen Kleidchen benötigten stundenlanges Bügeln, ganz abgesehen von dem An- und Ausziehen des hilflosen Säuglings, den man auch alle zwei bis drei Stunden, ob Tag, ob Nacht, füttern sollte, und wenn er die Flasche bekam – eine empfohlene Praxis –, waren die Vorbereitungen die für eine chirurgische Operation.

Ich habe mir diese Listen damals auf der Farm in Rhodesien manchmal durchgelesen, verwirrt und ungläubig: Ich war von schwarzen Babys umgeben, die zufrieden und nackt in einem Hängetuch auf dem Rücken ihrer Mütter den Tag verbrachten.

Als ›Maude‹ und ›Michael‹ kamen sie in Persien an. Meine Mutter hatte den Namen Emily nie gemocht, vermutlich weil ihre Mutter so hieß, aber Maude mochte sie wegen der »Maud« von Tennyson. Sie hatte jahrelang versucht, Emily abzulegen. Alfred wollte sie nicht für meinen Vater gelten lassen: ein gewöhnlicher Name. Und was dachte er darüber? Ich kann ihn hören: » Du lieber Himmel, Mädchen, wen kümmert's? Was bedeutet das schon? Wenn es dich glücklich macht ...« Er wurde Michael in Erinnerung an Peter Pan.

Die Westminster Bank bewilligte Maude und Michael ein riesiges Haus, aus gemeißeltem Stein und mit Reliefs verziert, mit mächtigen Bögen entlang den Veranden und Bogenfenstern und von wundervollen Gärten umgeben. Bedienstete – Gärtner, Köche, Leute, die das Haus sauberhielten und die Einkäufe machten – erledigten die ganze Arbeit. Meine Mutter erwähnte die Bediensteten kaum, außer um zu sagen, daß der Haushalt vom Protokoll geregelt war und daß die Hausherrin ihren Platz kannte und tat, was ihr befohlen. Sie hielt das für amüsant; keine Spur von dem, was in Afrika zu einer neurotischen Hauptbeschäftigung wurde: klagen über die Unzulänglichkeit des schwarzen Personals.

Für meinen Vater war Kermanshah das, was er sich erträumt hatte: eine alte Stadt, in einer hochgelegenen, öden braunen Landschaft, der ferne blaue Himmel, schneebedeckte Berge ringsum. Als ich zum ersten Mal Granada besuchte, wußte ich, es war wie Kermanshah: Gärten, allenthalben das Geräusch fließenden Wassers, der Geruch von Staub ... Mein Vater hatte die Geschäftsleitung der Bank; er stand nicht auf jedermanns Wink zur Verfügung. Er ritt überallhin, denn er wollte nicht zulassen, daß ihn sein Holzbein einschränkte. Er mochte das geräumige Haus und die Befreiung – zumindest bis zu einem bestimmten Grad – von der englischen Ehrbarkeit.

Meine Mutter hatte eine schwere Schwangerschaft, wobei die morgendliche Übelkeit nur eine der Komplikationen war. Sie erwartete einen Sohn, Peter John. Warum erwog sie nicht wenigstens die Möglichkeit einer Tochter? Ihre leidenschaftliche Identifikation mit einem Sohn hatte, glaube ich, mit ihrem Bruder John zu tun, der nicht besonders intelligent war, sich nicht viel darum kümmerte, was er tat, und dennoch, als wäre es sein gutes Recht, in die Marine eintrat. Ich glaube, sie beneidete ihn bitterlich, aber diese Empfindung gehörte sich nicht für eine Schwester. Sie war es eigentlich, die zum Marineoffizier Seiner

Majestät bestimmt war! Sie war die Kluge, die alles bewunderte, was mit Meer und Schiffen zu tun hatte, nie seekrank wurde. Sie war einfallsreich und schlagfertig. Sie war bescheiden und gutmütig und kam mit anderen Leuten zurecht. Als autoritäre Persönlichkeit, glücklich in einem straffgegliederten Leben, vermochte sie, Befehle auszuführen und Befehle zu geben. Natürlich gehörten auch negative Seiten zu dieser besonderen Persönlichkeit: die Unfähigkeit, sich in die Lage von Menschen zu versetzen, die anders waren; die Verachtung von Schwäche; ein Mangel an Verständnis für das, was sie als ›morbid‹ bezeichnete: das Mehrdeutige, das Geistreiche, das Doppelsinnige – diese Bereiche würden ihr immer suspekt bleiben, und sie fühlte sich von ihnen bedroht.

Ich kann nur vermuten, mit ihr leidend, wie sehr sie sich als Mädchen enttäuscht fühlen mußte, wenn sie sah, wie ihr schwerfälliger Bruder das bekam, was eigentlich auch ihr zugestanden hätte. Und dennoch ließ sie nie etwas verlauten, außer in munteren kleinen Scherzen, trotzigen Scherzen. Was sie empfand, mußte indirekt ausgedrückt werden.

Meine Geburt war schwer, eine Zangengeburt, die auf meinem Gesicht ein scharlachrotes Mal hinterließ. Vor allem, ich war ein Mädchen. Als der Arzt meinen Namen wissen wollte und hörte, daß man keinen parat hatte, schaute er auf die Wiege hinunter und sagte sanft »Doris?«. Meine Mutter stellte diese Szene – die Erschöpfung des Arztes nach der langen Nacht, seine sanfte, taktvolle, doch vorwurfsvolle Frage – immer wieder in allen Einzelheiten dar, wie viele andere Szenen auch.

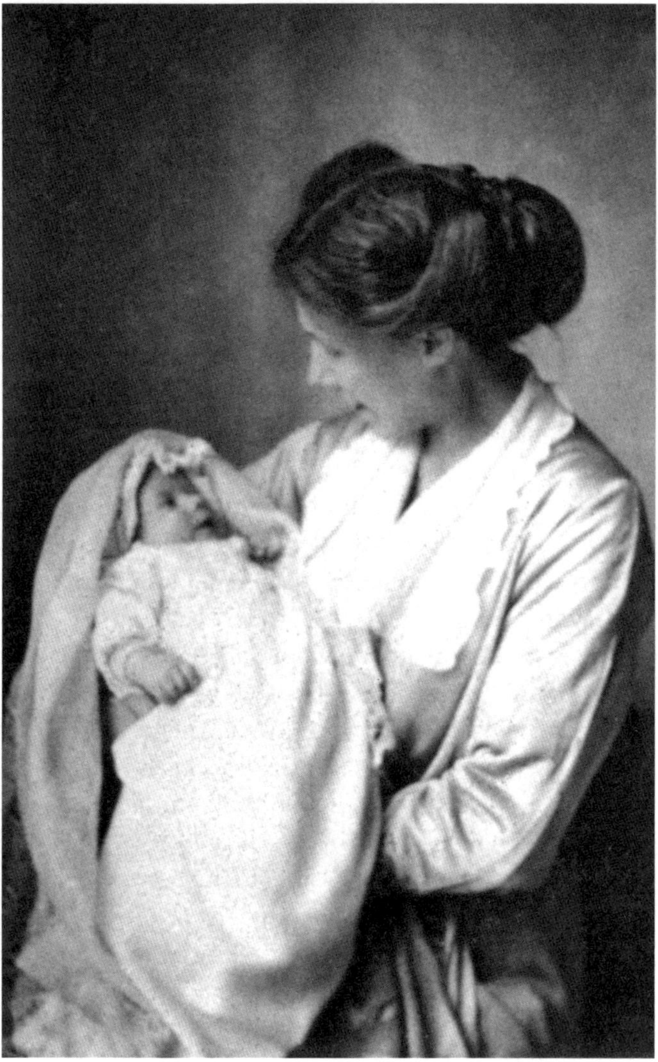

Die Mutter mit der Tochter Doris

Natürlich nahm ich ihr das alles sehr übel, besonders weil sie nicht einmal bemerkte, daß es mich doch wütend machen mußte. Wie konnte sie dastehen mit ihrem üblichen festen kleinen Lächeln und ihrer munteren Geselligkeit und mir erzählen, daß ich zuerst nicht erwünscht war; daß ein Mädchen zu kriegen eine schlimme Enttäuschung nach jenen langen Wehen bedeutete, daß es sie beinah umgebracht hätte; daß sie keine Milch für mich hatte und ich von vornherein mit der Flasche ernährt werden mußte und im ersten Jahr halbverhungert war und immerzu schrie, weil sie sich nicht klarmachte, daß die Milch der persischen Kühe nicht so nahrhaft war wie gute englische Landmilch; daß ich ein unmöglich schwieriges Baby war und dann ein aufreibendes Kind, ganz anders als mein kleiner Bruder Harry, der immer so lieb war. Und darum überließ sie mich dem Geschick der Kinderfrau und kümmerte sich selbst um Harry.

Besser es einmal aussprechen und dann genug davon: Meine Erinnerungen an sie bestehen aus lauter Feindseligkeit, Kampf und dem Gefühl, ausgeschlossen zu sein; aus Schmerz darüber, daß das zweieinhalb Jahre später geborene Baby so sehr geliebt wurde und ich nicht. Sie wollte nichts davon wahrhaben. Wie sie es sah: Ihre eigene Kindheit war kalt und ohne Liebe gewesen, und sie achtete stets darauf, daß ihre Kinder mit Liebe aufgezogen wurden. Liebe wurde ständig beschworen; und mit fünf Jahren war ich ein Experte im Erpressen von Gefühlen. Sie mochte mich nicht – das war es nun mal. Nicht ihre Schuld: Ich kann mir niemand Ungeeigneteres als mich vorstellen, um ihr zu gefallen. Doch dies zuzugeben wäre ihr unmöglich gewesen: Eine Mutter liebt ihr Kind, ein Kind seine Mutter. Und damit basta!

Mein Vater hasste es, nach Teheran auf eine Zweigstelle der Bank versetzt zu werden, wo er nicht Geschäftsführer war und unter einem Vorgesetzten arbeiten und ein Haus beziehen mußte, das ihm bedrückend englisch erschien. Aber meiner Mutter gefiel es. Endlich geeignete Kinderzimmer statt jener riesigen Steinräume, die auch Gardinen und Teppiche nicht behaglich hatten machen können. Ich erinnere mich an das hohe, quadratische Kinderspielzimmer, die schweren roten Samtvorhänge und die Spitzengardinen dahinter, das Kamingitter aus Messing vor dem gefährlich lodernden Feuer, die erstickende Fülle von Sachen, Sachen, Sachen. Und natürlich an meinen Bruder, das ›Baby‹ (bis er sieben war und um seine Eigenständigkeit kämpfte, hieß er nur ›Baby‹), der im Mittelpunkt stand. Und an das schimpfende, immer geschäftige Kindermädchen.

Meine Mutter liebte auch das gesellschaftliche Leben in Teheran, das die Freuden ihrer Mädchenzeit heraufbeschwor. In Afrika redete sie dann wehmütig über den ›Gesandtschaftszirkel‹, während mein Vater sie halb seufzend mit seiner gewohnten Miene betrachtete: Ungläubigkeit, Neugierde, gemildert durch Ironie. Wie konnte sie bloß jene langweilig netten Gesellschaftsabende mit langweilig netten Leuten genießen? Er verabscheute die musikalischen Abende, wo man einander das ›Indische Liebeslied‹ und ›Die Straße nach Mandalay‹ vorsang, während meine Mutter Klavier spielte. (Sie spielte für sich zu ihrem eigenen Vergnügen, Musik hielten diese Leute für überkandidelt.) Er haßte die Dinnergesellschaften, die Empfänge, Gartenpartys und Picknicks; sie konnte nicht genug davon haben. Er erzählte oft die Geschichte von einem gewissen Engländer in Persien, der, von seiner Familie dazu gedrängt, ein Picknick zu machen, seine Kinder auf Esel setzte, ihnen die Augen verband und sie im Garten eine Stunde lang im Kreis herumführen ließ, bis sie wieder sehen durften und in einer Ecke ihres eigenen Gartens das für sie angerichtete Festessen bekamen. In der Zwischenzeit zog er sich in seine Bibliothek zurück. Ein Gleichgesinnter! Meine Mutter lachte nur. »Wage das ja nicht«, sagte sie.

Persien, vor allem Teheran, war die beste Zeit im Leben meiner Mutter.

NACH FÜNF JAHREN stand ihnen Heimaturlaub zu; sie beabsichtigten, danach zurückzukommen. Er wollte eigentlich nicht: Mußte er wirklich den Rest seines Lebens in einer Bank arbeiten? Er hatte seine Kindheit auf dem Lande verbracht und immer Farmer werden wollen.

Es war Sommer, das Rote Meer glühend heiß und gefährlich für Kinder. Sie beschlossen – das heißt, meine Mutter beschloß es –, über Rußland zu reisen. Wir waren die erste Familie, die nach der Revolution jene Route über das Kaspische Meer bis nach Moskau nahm. 1924, und überall das Chaos. Auf einem Tanker im Kaspischen Meer saß meine Mutter die ganze Nacht wach und ließ

Doris Lessing als Vierjährige

das Licht brennen, denn es gab scharenweise Läuse. Ein Schatten fiel auf einen Arm: meinen, der rot anschwoll von ihren Bissen. Typhus grassierte. Die Züge waren uralt, ebenso verlaust, nichts zum Essen zu kaufen. Auf jeder Station wimmelte es von hungrigen Kindern, Waisen; und die Bäuerinnen, die ein hartgekochtes Ei zu verkaufen hatten oder Brot, mußten sich gegen diese *besprizorniks* verteidigen, wenn meine Mutter ausstieg, um etwas Eßbares, irgend etwas, aufzutreiben. Einmal stand sie noch auf dem Bahnsteig, als unser Zug ohne sie abfuhr. Ich erinnere mich an das Entsetzen: Sie war verschwunden. Sie brauchte anderthalb Tage, bis sie uns eingeholt hatte. Sie mußte sich bis zu einem Güterzug durchschlagen, mußte »denen sagen, was sie tun sollten – *die* hatten keine Ahnung, ich veranlaßte, daß sie unserem Zug telegraphierten, auf mich zu warten«. Alles auf englisch natürlich. Als man ihr an der Grenze mitteilte, wir hätten nicht die richtigen Visa, sagte sie dem Grenzbeamten, er solle keinen Unsinn machen. Noch Jahre danach brach mein Vater in Lachen aus, wenn er sich den armen zerlumpten, halbverhungerten Bolschewiken mit dem Gewehr, »das nicht mal eine Taube heruntergeholt hätte«, vorstellte, dem eine britische Matrone gegenüberstand. »Du lieber Himmel. Ich kann's genau vor mir sehen.« Mein Vater lachte Tränen. »›Machen Sie keinen Unsinn‹, sagt sie, während er das Gewehr hebt, um die ganze Sippschaft niederzuschießen.« »Habe ich uns da reinbekommen oder nicht?« wollte meine Mutter wissen, die nicht wirklich verstand, warum er so sehr lachte, aber wußte, daß sie im Recht war. »Klar hast du das geschafft!«

Im Moskauer Hotel baten die Stubenmädchen, uns baden und anziehen zu dürfen, da sie noch keine wohlgenährten Kinder gesehen hatten. Meine Mutter sprach darüber in ruhigem Besitzerstolz: daß die Russen sich in diesem furchtbaren Durcheinander befanden, war natürlich nur ein weiterer Beweis für die Vorzüge der Briten und unseres Weltreiches.

Sechs Monate Urlaub in England. Ich habe viele Erinnerungen daran, nichts als Kälte, Nässe, Trostlosigkeit, Häßlichkeit, eine Reihe von Schnappschüssen veranschaulicht meinen Abscheu gegenüber der ganzen Umgebung. Meine Eltern nahmen uns zu Verwandtenbesuchen mit, zum Beispiel zur Stiefmutter meiner Mutter, nun eine distinguierte alte Dame, die von einer winzigen Pension lebte. Sie genossen den Urlaub nicht. Mein Vater wollte nichts als England verlassen, das noch erstickender war als in seiner Erinnerung, und meine Mutter sehnte sich danach, Teheran wiederzusehen. Sie besuchten die Empire Exhibition in Wembley von 1924, und auf dem Rhodesienstand waren Maiskolben von fast einem halben Meter Länge zu sehen, und meterhohe Anschläge behaupteten, jeder könne innerhalb von fünf Jahren mit Maisanbau sein Glück machen.

Mein Vater besaß etwa 1000 Pfund an Kapital und eine Rente, da er im Krieg sein Bein verloren hatte. Das war seine Chance.

Was stellten sie sich eigentlich dabei vor? Sicherlich erwarteten sie ein geselliges Leben, ähnlich dem in Teheran, denn meine Mutter hatte die Koffer voll mit Kleidern von Harrod's. Auch Gardinen und Wandbehänge von Liberty's und Visitenkarten. Und eine Hauslehrerin, Biddy O'Halloran, einundzwanzig Jahre alt. Vielleicht hatten sie von dem lebhaften »Treiben in Nairobi« gehört? Nicht daß meine Mutter diese Leichtlebigkeit gebilligt hätte. Sie konnte Biddy mit ihrem Kurzhaarschnitt und den angemalten Lippen nicht gutheißen. Diese modernen Mädchen ... Ihr Leben lang benutzte meine Mutter Wendungen wie diese, ohne Anführungszeichen.

Es muß wehgetan haben, Teheran aufzugeben, um in einem wiederum neuen Land Farmersfrau zu werden. Sie hätte eigentlich nichts dagegen gehabt, in England zu bleiben – das heißt in London. Sie war immer noch, bis in die letzten Fasern ihres Herzens, eine Frau aus London. Wenn sie sich an England erinnerte, dachte sie an die Straßen, Busse, Straßenbahnen, Theater, an die Parks von London. Im Unterschied zu meinem Vater hatte sie nichts gegen das Konventionelle. Wäre er bereit gewesen, zurück an die Westminster Bank irgendwo in London zu gehen, so hätte sie die Vergnügungen Teherans mit Gleichmut aufgegeben und ihr Leben bis zum Ende in Einklang mit ihrer Natur gelebt, eine nützliche und tatkräftige Frau des Mittelstands, in, sagen wir, Wimbledon.

Statt dessen brach sie ins tiefste Afrika auf mit ihrem verkrüppelten Mann, der mit der Zeit immer reizbarer und einsiedlerischer wurde, praktisch ohne Geld, und mit ihren zwei Kindern, von denen eins dazu bestimmt war, ihr Kummer und Sorgen zu bereiten. Wußte sie irgend etwas über Afrika oder wie man eine Farm bewirtschaftet? Nicht das Geringste! Aber das schien ohne Bedeutung.

Ich glaube, sie sah Afrika als irgendein kleines Zwischenspiel an, eine Station auf ihrem Weg, die man bald passiert hätte. Nichts im Leben hatte meine Mutter auf das vorbereitet, was sie dort antreffen würde.

Es war ein langsames deutsches Schiff. Meine Mutter liebte die Stürme, die die anderen Passagiere unter Deck trieben und sie mit dem Kapitän allein auf der Kommandobrücke ließen. Dies und die Spiele auf Deck und die Kostümgesellschaften dienten als Ersatz für einen Ehemann, der nur dasitzen wollte und das Meer betrachtete, und für ihre Tochter, die ständig aufsässig war und mit der Schere ihre Abendkleider zerschnitt, wenn man sie zwang, früh schlafenzugehen, damit sie nicht der abendlichen Lustbarkeit im Wege stand. Das Schiff tuckerte ums Kap der Guten Hoffnung herum bis nach Beira, wo sie den Zug nach Salisbury bestiegen. Außerhalb von Salisbury gab es ein Anwesen, das Lilfordia hieß, wo Siedler in Kost genommen wurden, während sie den Kauf einer Farm tätigten. (Lilfordia war die Farm von ›Boss‹ Lilford, der später Ian Smiths Ratgeber und Mentor wurde.) Meine Mutter ließ ihre Kinder in der Obhut der Hauslehrerin und fuhr mit ihrem Mann in einem zweirädrigen Scotchcart umher, um sich Farmgelände anzuschauen. Man bot den Siedlern Land für etwa zehn Pfund den Morgen (nach heutigem Wert), wobei die Land-Bank das Geld vorstreckte. Das Land war von den darauf lebenden Schwarzen geräumt worden: Man schickte sie in die Eingeborenenreservate oder befahl ihnen, in ein Gebiet zu ziehen, das den Weißen noch nicht zugewiesen worden war. Man nannte das die ›Erschließung des Landes für die weiße Zivilisation‹, eine Darstellung, die meiner Mutter nie irgendwelchen Anlaß zur Kritik gab.

Die gekaufte Farm befand sich in Lomagundi, siebzig Meilen von Salisbury entfernt, bescheidene 1500 Morgen

Das Haus in Lomagundi

Land, aber uns stand es frei, unser Vieh auf dem meilenweiten Regierungsland, das während der ganzen Zeit unseres Aufenthaltes niemandem zugewiesen wurde, weiden zu lassen und dort Gras und Brennholz zu schneiden. Unser Farmgelände lag an der Grenze der ›weißen Zivilisation‹, mit nichts zwischen uns und Portugiesisch-Ostafrika, das einige hundert Meilen entfernt war.

Das Land war dünn besiedelt, die Farmen riesig. Die uns nächsten Farmen waren drei, vier und fünf Meilen entfernt. Es war unberührtes Buschland: einige Bäume waren für die Öfen der Erzmine gefällt worden. Alle möglichen Tierarten lebten dort: Zobel, Elenantilopen,

Kudus, Buschböcke, Waldducker, Ameisenbären, Raubkatzen, Wildschweine, Schlangen. Es gab Scharen von Perl- und Waldhühnern, Falken, Adler, die verschiedensten Taubenarten – Vögel, Vögel, Vögel. Die Morgendämmerung war ein einziger Ausbruch an Gesang, die Nacht erfüllt vom Lärm der Eulen, Ziegenmelker und der Vögel, deren Namen wir nie erfuhren; den ganzen Tag über schrie, girrte, hämmerte und krächzte es. Aber dem Paradies war bereits die Kündigung ausgesprochen. Die Leoparden und Paviane hatten sich in die Hügel verzogen, die Löwen waren abgewandert, die Elefanten hatten ihre Zuflucht im Zambesi-Tal genommen, das Land entvölkerte sich.

Aber noch war es eine Wildnis, mit der es meine Eltern aufnehmen mußten. Der Farm selbst näherte man sich auf der Piste zu einer stillgelegten Erzmine, einer staubigen Fahrspur. Die Eisenbahn war sieben Meilen entfernt. Nicht ein Morgen Land war zum Bepflanzen gerodet. Die Arbeiter waren Leute, die man in einem Krieg vor fünfunddreißig Jahren grausam besiegt hatte und die ihre Dörfer verließen und nur zum Arbeiten herkamen, weil sie die Kopfsteuer zahlen mußten, die man ihnen auferlegt hatte, eben um sie zum Arbeiten zu zwingen.

Nachdem sie ihr Farmgelände gefunden hatten, kehrten meine Eltern zurück und holten die Kinder ab. Ihre Tochter war wie gewöhnlich äußerst ungezogen gewesen, viel schlimmer als je zuvor: Sie hatte gelogen, gestohlen, war davongelaufen, hatte getrotzt und geschrien. Meine Mutter wußte, schuld allein war dieses

Herumziehen: Kinder brauchten eine geordnete Existenz. Sie setzte uns in einen gedeckten Frachtwagen, der von etwa zwanzig Ochsen gezogen wurde, während ihr Mann daneben ritt. Die Reise dauerte fünf Tage. Im Wagen befand sich unser ganzes Hab und Gut.

Während die Bäume auf dem Hügel, wo unser Haus gebaut werden sollte, abgeholzt wurden, hatten wir unser Quartier in der Goldmine jenseits des Hügelkamms.

Siedler bauten sich immer strohgedeckte Hütten aus Lehm mit angrenzender Veranda; die brauchten nur etwa ein Jahr zu halten, um dann nach der ersten guten Ernte durch Ziegelstein und Blech ersetzt zu werden. Unser Haus war eine einzelne, langgestreckte Hütte, in vier Räume aufgeteilt. Die Wände waren aus Lehm, der über die Pfosten gestrichen und gekalkt worden war, das Dachmaterial war aus dem Rohr der sumpfigen Niederungen, der Fußboden gestampfte Erde und Dung.

Alle Böden waren mit schwarzem Linoleum belegt und die Möbel aus Benzin- und Heizölkanistern gemacht, schwarz lackiert und mit Mehlsäcken verhüllt, die von meiner Mutter gefärbt und bestickt worden waren. Im Vorderzimmer mit Fenstern ringsum, ›wie eine Kommandobrücke‹, behauptete meine Mutter, gab es Perserteppiche, Liberty-Vorhänge, ein Klavier und das schwere Schausilber aus der Zeit.

Während meine Mutter den Trupp der Schwarzen beaufsichtigte, die das Haus errichteten, bewachte mein Vater die Abteilungen der Arbeiter, die das Buschland für die Anpflanzung rodeten.

Dann war da die Sache mit Biddy O'Halloran, die sich als Reinfall herausstellte. Sie hatte ganz fest mit etwas Ähnlichem wie Nairobi gerechnet und fand sich nun an diesen einsamen primitiven Ort verschlagen, mit Freiern aus der falschen Gesellschaftsschicht. Jeder unbeweibte Mann im Umkreis von fünfzig Meilen tauchte auf, um ihr einen Heiratsantrag zu machen, und sie hatte nicht soviel Zeit für die Kinder, wie meine Mutter es für nötig hielt. Es gab Streit, und sie fuhr nach Hause zurück. Und dann, ein Jahr nach ihrer Ankunft in Afrika, wurde meine Mutter krank, legte sich ins Bett und blieb dort. Es war ihr Herz! Heute ist es ganz offensichtlich, daß sie unter starken Angstzuständen litt, einen Nervenzusammenbruch hatte. Weder ihr Arzt in Salisbury noch sie selbst – eine Krankenschwester – konnten das erkennen. Das Schlimmste für sie war natürlich die Isolation. Was mein Vater genoß – denn er hatte endlich das Leben gefunden, das ihm behagte –, machte sie fertig. Nachdem sie immer von Leuten umgeben gewesen war, hatte sie nun nur die Schwarzen, für die sie von Anfang an die für den Siedler typische Einstellung hatte: sie waren primitiv, dreckig, dumm. Sie war niemals fähig, irgend etwas Interessantes an ihnen zu finden. Ihre Nachbarn gehörten dem unteren Mittelstand und der Arbeiterklasse an, vorwiegend Schotten, die vor dem Krieg gekommen und mit Mais reich geworden waren. Sie wollte nicht snobistisch erscheinen, aber was hatte sie mit denen gemein? Sie hatte nicht die Absicht, ihr Leben damit zu verbringen, über Gartenarbeit, Kochrezepte und Schnittmuster zu reden. Aber genau das war ihr Leben jetzt, kein bißchen anders.

Sie verließ das Bett, beklagte sich über tausend Schmerzen und Leiden, legte sich wieder hin. Sie jammerte ständig, und es war so gar nicht ihre Art, denn sie wollte sich wirklich nicht anstellen! Sie lag in einem Bett, das von einem Nachbarn, der ein Sägewerk besaß, speziell für sie angefertigt worden war, mit zusätzlichen Ablagen für Bücher und Zeitschriften, und rief den ganzen Tag hindurch ihre Kinder zu sich, um sich trösten zu lassen. »Die arme kranke Mami«, beteuerte sie beharrlich, und wir antworteten darauf mit heftigen Umarmungen, die aber – zumindest in meinem Fall – immer gereizter wurden.

Natürlich war dies nicht alles, was sich an ihrem Bett abspielte. In der frühen Kindheit lernen Kinder am besten, und nichts sollte unserer Unterweisung nach Montessori im Wege stehen. Ob im Bett oder außerhalb – sie las uns vor, erzählte uns Geschichten; sie war für jüngere Kinder eine wunderbare Lehrerin. Sie brachte uns Geographie bei mit Hilfe von Lehm- und Sandhaufen, die beim Hausbau übriggeblieben waren – indem sie daraus Kontinente, Länder und Gebirge formte, die in der Sonne hart wurden und die, um Meere und Flüsse darzustellen, mit Wasser gefüllt werden konnten. Sie lehrte uns das Rechnen mit Saatkörnern, Hühnereiern und kleinen Küken. Sie erklärte uns das Sonnensystem durch Spiele, in denen wir die Planeten, den Mond und die Sonne darstellten. Sie zeigte uns, wie man Sterne, Vögel und sonstige Tiere beobachtet. Eine Zeitlang lernten wir in einem Fernunterrichtskurs, aber die Lektionen waren nicht annähernd so gut wie ihre, und sie ließ uns Bücher

Die Mutter mit den Kindern

aus England und zwei Zeitschriften kommen, deren unglaublich hohes Niveau seinesgleichen heute nicht mehr fände. *Children's Newspaper* bot das Neueste an über Entdeckungen, Erfindungen, archäologische Funde, Tier- und Vogelwelt, und *Merry-Go-Round* druckte Geschichten und Gedichte von Autoren wie Walter de la Mare und Eleanor Farjeon. Es war meine Mutter, die mich in die Welt der Literatur einführte, in der ich Zuflucht finden sollte vor ihr.

Und dann verließ meine Mutter das Bett und lebte weiter. Sie war ein Jahr lang krank gewesen. Ich frage mich, ob sie je begriffen hat, daß ihre Krankheit eine Form der Verweigerung dessen war, was sie, wie sie wußte, auf sich nehmen mußte. Wieviel Mut brauchte man dazu! Ich weiß und bewundere es, aber ich kann mich nicht in ihre Lage versetzen. Sie haßte die Farm, das Buschland, die ihr eine Falle gestellt hatten. Vom Augenblick ihrer Ankunft an schmiedete sie Pläne, zerbrach sich den Kopf und träumte davon, dem Ganzen zu entkommen. Und die Farm, das Buschland, Afrika bedeuteten für mich, ganz einfach, das größte Glück, das mir je widerfahren ist.

Über meine Mutter zu schreiben fällt mir schwer. Ich stoße dauernd auf Barrieren, und sie sind heute nicht so anders als in der Vergangenheit. Sie hat mich als Kind durch den Zorn und das Mitleid, die ich empfand, gelähmt. Jetzt bleibt nur noch das Mitleid, aber auch das macht es mir noch schwer, über sie zu schreiben. Was für ein furchtbares Leben hatte sie, meine arme Mutter! Sicherlich nicht schlimmer als das meines Vaters; aber das Entscheidende ist: Er war von seiner Natur her für harte Zeiten gerüstet, sie nicht. Er mag ein verletzter Mann gewesen sein und ein zunehmend kranker; sie stark und voller Vitalität. Aber er tut mir nicht so leid wie sie. Sie hat nie verstanden, was ihr widerfahren ist.

In den zwanziger und mehr noch in den dreißiger Jahren flohen junge Mittelständler vor den schweren Zeiten in England, wo sie keine Arbeit finden konnten, in die Kolonien, um sich dort etwas aufzubauen. Oft hatten sie kein Startkapital, wußten aber, daß man ihnen Land und Darlehen geben würde. Sie mühten sich ab und erlitten doch sehr oft Schiffbruch. Wenn die Daheimgebliebenen ihnen das Geld für die Rückfahrt schickten, kehrten sie zu dem zurück, was sie verlassen hatten – verschiedene Abstufungen von ›Armut in Würde‹ –, woraus sie, so könnte man mutmaßen, durch den Zweiten Weltkrieg gerettet werden sollten. Wie viele gab es von ihnen dort draußen? Eine ganze Menge wohl, denn es schien immer ein einziges Kommen und Gehen von Weißen, damals in Südrhodesien jedenfalls. Heute läßt sich das nicht mehr genau herausfinden. Was für eine Geschichte! Was für Geschichten! Erst vor kurzem las ich zwei – einige Frauen hatten mir ihre Manuskripte zugesandt, Erinnerungsberichte über ihr Leben als weiße Siedler, die eine in Kenia, die andere in Südrhodesien. Diese Menschen fanden sich ohne jede psychologische oder praktische Schulung plötzlich im Busch wieder, für gewöhnlich war nicht mal ein Morgen Land zum Bepflanzen gerodet, eine Art Baracke als Wohnhaus, ständig im Kampf gegen Überschwemmungen, Dürren, Feuersbrünste, wilde Tiere und schwarze Arbeitskräfte, die zum Arbeiten gezwungen waren, und die mürrisch, bockig und unbrauchbar waren. Es war eine der ironischen Ungereimtheiten, daß die Weißen sich selbst als erbärmlich arm betrachteten und die Schwarzen die Weißen als unerreichbar reich. Beide hatten recht. Wie stark spürt man aus diesen Berichten, daß England – hatten diese kein rechtes Auskommen besitzenden Familienmitglieder erst einmal die Heimat verlassen – weit entfernt, verloren schien! Am häufigsten und deutlichsten klingt an, wie selbst geringfügige Summen – fünfzig Pfund, fünfundzwanzig Pfund – oftmals eine Situation hätten retten können, doch Geld kam und kam nicht. Daß der Mittelstand dazu neigt, gegenüber den Seinigen engherzig zu sein, ist wohlbekannt, aber noch nie ist mir dies so schmerzhaft klar wie hier vor Augen getreten. Vielleicht konnten ihre Familien finanziell nicht aushelfen? Für meine Eltern jedenfalls kam kein Geld, das ihnen hätte helfen können: Alle unsere Verwandten hatten gerade genug zum Leben.

Diese Erinnerungsberichte ließen mich über die Unterschiede zwischen meinen Eltern und jenen Siedlern nachdenken, die niemals ihre Heimat verlassen hätten, wenn sie nur hätten erreichen können, was mein Vater so heftig verabscheute und aufgab: eine gute, sichere, anständige Stellung. Es gab im Grunde zwei Typen von Einwanderern: jene, die es in England zu nichts brachten, und jene, die wohl in der Lage dazu waren, sich aber dem, was englische Wohlanständigkeit bedeutete, nicht anpassen wollten. Mein Vater war einer dieser Außenseiter, die die Landschaft meiner Reifezeit bevölkerten, jene unverwechselbaren Persönlichkeiten, deren exzentrisches Wesen, in England unterdrückt, in Afrika reichlich Spielraum hatte.

Vor allem meine Mutter trat durch die Erinnerungsberichte dieser Frauen in deutlichem Kontrast hervor: Erinnerungen an Mißerfolge, Untüchtigkeit, Inkompetenz, Verwirrung. Sie wurden ganz einfach nicht mit den Überschwemmungen, Feuern und Schlangen fertig oder damit, daß sie Brot in Ameisenhügeln backen mußten, wenn die Küche abgebrannt war. Sie schafften es nicht, Möbel aus Heizölkanistern zu machen oder Gardinen und Kleider aus Mehlsäcken zu nähen. Sie konnten nur erdulden, was ihnen zustieß, und natürlich verachteten und fürchteten sie die Schwarzen. Unter welch wehleidigem und trübsinnigem Lamento mühten sie sich ab, dem Buschland ›Anstand‹ beizubringen; ihr Hauptbestreben war es, zu bleiben, was sie waren: Angehörige des Mittelstandes; ihre Angst, verarmte Weiße zu werden, auf einer Stufe mit den Schwarzen; so wie es sie daheim davor graute, in die Arbeiterklasse absinken zu müssen. »Dies Afrika«, wie Denys Finch Hatton (in Karen Blixens *Out of Africa*) beim Anblick der kleinen Vororts-Einfamilienhäuser sagt, die sich über die großartige Wildnis der Ngongberge in Richtung Nairobi verstreuen, »neigt ungeheuer zum Sarkasmus.«

Doch die Angst war durchaus berechtigt. Sehr oft hörte ich meine Eltern mit der Kummerundsorgenstimme reden, die sie für jene hatten, deren Schicksal leicht auch unseres werden konnte: »Der und der ist pleite gegangen, er hat einen Job als Lagerverwalter in der Erzmine, sie wird Wirtschafterin« – oder Erzieherin oder Haushälterin. »Und Gott steh' den Kleinen bei.«

Weit entfernt, ins Klagen und Verzagen zu verfallen, genoß es meine Mutter, wenn sie die Dinge mit etwas Improvisation deichseln konnte. Andere Frauen jammerten, »kein anständiges Obst hier, kein Gemüse, unsere Hühner sterben ... «. Ihr Gemüsegarten hätte ein Dorf ernähren können, und bei ihr gediehen Obstbäume, Hühner und Kaninchen. Sie stellte Käse her, und die Vorratshütte war immer mit Konserven gefüllt. Sie war unendlich anpassungsfähig und einfallsreich. Sie hatte einfach zuviel Energie und Kraft für ihre Situation. Ihre Bestimmung wäre es gewesen, eine große Organisation zu leiten. Ein Krankenhaus eben, oder gar ein Industrieunternehmen. Auf der Farm verschliß sie sich.

Fünf Jahre nach unserer Ankunft auf der Farm sah die Lage so aus: Neues Land war gerodet, verschiedene Getreidesorten zusätzlich angepflanzt worden, doch bei der Land-Bank blieben wir weiterhin hoch verschuldet. Das Haus, das für die Dauer von zwei Jahren vorgesehen war, mußte noch eine ganze Zeitlang halten. Veranden und sonstige Anbauten waren hinzugekommen. Ihr achtjähriger Sohn wurde noch zu Hause unterrichtet, aber wie all die anderen Jungen aus der Umgebung verbrachte er die meiste Zeit im Busch. Ihre Tochter war nach einer Reihe schlecht gewählter Schulen – eine endlos lange Zeit, die sich dem Kind tief einprägte, aber nur ein kurzer Zeitraum und deswegen ohne Belang für die Erwachsenen – in einer Klosterschule in Salisbury untergekommen. Klosterschulen sind für eine junge Dame passender als sonstige Schulen. Hätte meine Mutter gewußt, was dort vor sich ging, sie hätte mich sofort weggeholt, aber einer stillschweigenden Gepflogenheit folgend, erzählen Kinder ihren Eltern nichts aus der Schule. Sie wußte nur, daß ich großes Heimweh hatte – ein Anzeichen dafür, so sieht man es heute, daß zu Hause etwas gar nicht stimmt, doch in jener arglos denkenden Zeit nahm sie es als Ausdruck von gebührender und wohltuender Zuneigung. Sie fand nichts Anstößiges dabei, ein siebenjähriges Kind in ein Internat zu stecken. In diesem Alter wurden Kinder von Indien nach Hause geschickt und in Pension gegeben; in England steckte man Jungen mit sieben ins Internat. Was hätte sie denn auch tun sollen? Alle Farmerskinder besuchten Schulen in der Stadt.

Ihr Mann, nicht ihre Kinder, war ihre Hauptsorge. Für den Tüchtigen – und für diejenigen, die mit aller Willenskraft hinter ihrem Tun und Handeln stehen – ist es schwer, Menschen zu verstehen, die einfach nichts zuwege bringen. Die Träume meines Vaters, in fünf Jahren reich zu werden, waren zu einem grimmigen Familienscherz geworden. Außerdem begannen die Preise ins Bodenlose zu fallen. Dahin die Zeiten, da Farmer mit Mais rasch ein Vermögen gemacht hatten; in ferner Zukunft noch lagen die Reichtümer, die sich mit Tabak verdienen ließen. Überall hielten sich die Farmer gerade über Wasser, saßen auf ihren Schulden, die sie bei der Regierung hatten, ließen die Rechnungen beim Lebensmittelhändler und Metzger anwachsen und hielten das Risiko mit Mischkulturen gering, wie z.B. mit Sonnenblumen, Baumwolle, Erdnüssen und Sunnhanf. Damit waren in jedem Fall die Umstände gegen meinen Vater, verhängnisvoller aber war sein eigenes Naturell. Ihm war eigentlich alles gleichgültig, und ich glaube, meine Mutter hat das nie begriffen. Der Krieg hatte das, was in ihm steckte, nur verstärkt, und das war – von ihrem Standpunkt aus – übel genug gewesen. Vor kurzem hat mir ein Vetter Material über einen Vetter zweiten Grades zugeschickt, einen Viktorianer, der ein melancholischer Gentleman-Farmer war und abgeklärte Verse in Wordsworth-Manier über Tod, Schicksal, Leben und Natur schrieb. Ein Exemplar befindet sich im Britischen Museum. Er und mein Vater sahen sich sogar ähnlich. So mußte meine Mutter gegen weit Schlimmeres ankämpfen, als sie sich vorgestellt hatte, obwohl sie sich daran hätte erinnern können, daß sein Vater, mit einer ehrgeizigen und energischen Frau verheiratet, das glückliche Leben eines Bankangestellten geführt hatte, der jede freie Minute beim Orgelspiel in der Dorfkirche verbrachte. Sich selbst überlassen, verträumte mein Vater sein Leben, zufrieden damit, den afrikanischen Nachthimmel zu betrachten, die Sonnenuntergänge, Ameisen bei ihrer Arbeit in einem gefällten Baumstamm, Buschbrände, die sich in der Trockenzeit langsam über die Berge fraßen, die wechselnden Farben des *Velds* und – in einigem Abstand hinter diesen Naturphänomenen – die faszinierenden Unwahrscheinlichkeiten im menschlichen Verhalten bei Weiß und Schwarz.

Meine Mutter drängelte und nörgelte und schmiedete Pläne. Ihre Ziele waren bescheiden. Genügend Geld verdienen, um die Schulden abzuzahlen, und dann die Farm verkaufen und zurück nach England, wo das wahre Leben sie erwartete. Dies Reden darüber, wie das Leben in England – natürlich in London – aussehen würde, begleitete mich meine ganze Kindheit, für meinen Bruder und mich war es das ewige ›Weg-von-der-Farm-Gerede‹. Und das ganz ohne Spott; wir haben auch nie ausdrücklich darüber gesprochen, wie unsinnig das Ganze war. Es war einfach zu jenseitig, dieses Reden über gute Schulen und schöne Häuser, über Hausmädchen und Busse, Theater und Parks.

Mein Vater wollte aber nicht weg von der Farm. In England zurück, was folgte dann? Er haßte die Bank, bei der er jetzt vielleicht auch keinen Posten mehr bekäme. Und sie konnte mit zwei Kindern nicht ohne weiteres wieder als Krankenschwester arbeiten. Wie sollten sie denn leben? Völlig egal! Für alles fände sich eine Lösung, wenn sie erst einmal von der Farm weg wären.

Der Druck meiner Mutter, es doch zu etwas Besserem zu bringen, ließ meinen Vater nicht etwa zu einem erfolgreichen Farmer werden, sondern brachte ihn dazu, dem alten Traum nachzuhängen, Gold zu finden.

Es klingt absurd, aber das war es nicht. Das Gelände heißt ›Banket‹, nach einem bestimmten goldführenden Erzgang-Typus im Schürfgebiet ›Banket of Rand‹, den irgendein früherer Goldschürfer hier entdeckt hatte. Das Land ringsum ist durchzogen von goldführenden Erzgängen und zutage liegenden Adern. Mein Bruder und ich stießen ständig auf alte Gräben, die Goldsucher ausgehoben hatten, oder auf Felsstücke, denen man ansah, daß der Schürfer eine Gesteinsprobe herausgebrochen hatte, um sie auf Gold hin zu sieben. Nicht weit von der Farm befanden sich zwei Goldminen. Tag und Nacht konnten wir das dröhnende Stampfen von der Mine direkt auf dem Kamm gegenüber hören. Ständig kamen Goldsucher durch die Gegend, mit Gewehr, Goldpfanne, Hammer, Sackzipfeln voll Maismehl und einer Wolldecke. Ihre Zahl wuchs, als die Depression sich verschlimmerte und sie keine Arbeit finden konnten. Viele Männer fristeten damals ihr Leben im Buschland, als Selbstversorger und ohne Geldausgaben, während ihre Frauen die schlechte Zeit bei irgendeiner Familie als Haushälterinnen überstanden, wo sie ihre Kinder auch in den Ferien bei sich haben konnten. Gold war allgegenwärtig, in der Erde, im Gespräch, in der Geschichte des ›Rand‹, der bereits von alten Schürfstellen übersät war, als die ersten Forschungsreisenden und Missionare ankamen. Unter uns hieß es, die alten Schürfstellen stammten von Arabern. Als mein Vater auf seinen Erkundigungen rund ums Farmgelände einen Hammer mitnahm und Gesteinsproben heimbrachte, sie dann im Mörser zerkleinerte und später siebte, tat er nichts anderes als die meisten Farmer auch, wenn sie glaubten, auf etwas Goldhaltiges gestoßen zu sein. Doch schon bald wurde es bei ihm zu einer Besessenheit. Die Beaufsichtigung der Arbeiten auf der Farm trat an zweite Stelle hinter die Goldsuche. Jeden Tag stapfte er stundenlang auf seinem Holzbein mit dem Hammer durch das Buschland, und der Wagen kam immer mit Felsbrocken beladen zurück. Ein Mann wurde von der Farmarbeit abgezogen, um Proben zu behämmern, dann Gräben rund um einen möglichen Erzgang auszuheben und eine vielversprechende Probe zur Bahnstation zu bringen, damit sie mit dem nächsten Zug zur Begutachtung nach Salisbury geschickt werden konnte. An den Tagen, wenn die Post kam und wir auf die Ergebnisse warteten, war die Spannung unerträglich. Bald waren es nicht nur Gräben, die ausgehoben wurden, sondern Schächte, und nicht ein Arbeiter, sondern zwei oder drei arbeiteten in einem durch. Natürlich protestierte meine Mutter: würde dieselbe Mühe auf die Farmarbeit verwandt, dann ... Aber nichts dergleichen hätte ausgereicht, um während der Depression irgend etwas zu ändern. Die Farmer machten Bankrott, ihr Land wurde von erfolgreicheren Farmern aufgekauft oder von Interessengemeinschaften. Dies war der Beginn einer Entwicklung, in deren Verlauf riesige zusammenhängende Ländereien entstanden. Hunderttausende von Morgen groß, auf denen in Kürze nicht Nahrung heranwachsen sollte, sondern Tabak, der den ›Tabakbaronen‹ ein Vermögen einbrachte.

Es ging aber nicht bloß um das Goldschürfen, sondern um die Wünschelrute. Mein Vater hatte entdeckt, daß er beim Aufspüren von Wasser Erfolg hatte. Und wenn er Wasseradern aufspüren konnte, warum nicht auch Gold? Dann aber ging es nicht mehr bloß darum, Gold auf unserem Farmgelände zu finden – nur eine Frage der Zeit –, vielmehr würde er zu einer bedeutenden Persönlichkeit, um deren Dienste sich die großen Bergwerksgesellschaften aus aller Welt rissen. Und dann könnte er andere ausbilden und Lehrgänge für Rutengänger abhalten ...

Während sich all dies abspielte, versuchte meine Mutter an dem festzuhalten, was sie für die Normalität hielt. Ich bin überzeugt, es ist ihr nie in den Sinn gekommen, daß ein reges Gesellschaftsleben etwas war, auf das man verzichten konnte. Ihre schönsten Erinnerungen an die Mädchenjahre, ihre Zeit als Krankenschwester und die frühe Ehe in Persien waren Besuche und Partys, musikalische Abende und vergnügte Stunden. Mit – das verstand sich von selbst – *netten* Leuten. Die Leute auf den übrigen Farmen ringsum stammten nicht aus unserer Klasse, kamen alle aus der Arbeiterklasse oder aus dem unteren Mittelstand, meist Schotten. Wir besuchten sie zwar, und sie uns, und meine Mutter erfüllte auch alle nachbarschaftlichen Aufgaben, tauschte Farmprodukte aus und half in Krisenzeiten, doch waren dies nicht die Leute, die ihr vorschwebten. Mein Bruder und ich verstanden nicht, auf was sie eigentlich aus war; und unser Vater war nicht genug daran interessiert, uns zu erklären, warum man sich derart anstrengen sollte, Freundschaften mit Menschen aufrechtzuerhalten, die so viele Meilen entfernt wohnten, warum ihr das so wichtig war. Gewöhnlich verbrachten wir einen ›schönen Tag‹ (und es war ein ganzer Tag) mit irgendeiner Familie auf deren Farm, oder sie kamen zu uns; doch das fand nur statt, wenn es die Farmarbeit, die Jahreszeit und die Schulferien erlaubten. Einige wohnten jenseits von ein oder zwei Flüssen, die bei plötzlichen starken Regenfällen unpassierbar werden konnten. Wir fuhren gewöhnlich früh los, um sozusagen zum Morgentee anzukommen. Die Männer fachsimpelten natürlich über die Farmarbeit, und die Frauen redeten, redeten und redeten. Alle Männer aus der Gegend hatten ein schlechtes Gewissen, wenn ihnen wieder einmal bewußt wurde, wie sehr ihre Frauen nach der Gesellschaft anderer Frauen lechzten. Es gab Lunch. Danach Tee. Alle Leute in der Gegend hielten an dem Fünf-Mahlzeiten-pro-Tag-Rhythmus fest, eine Gewohnheit, die sie aus der Heimat mitgebracht hatten (die Schwarzen nannten die Weißen ›Leute, die unaufhörlich essen‹). Zwischen den Mahlzeiten kletterten wir Kinder auf den Kopjes, den kleinen Hügeln, umher oder erforschten das Buschland, wobei wir nach Pavianhorden oder Wildschweinen Ausschau hielten. Nach dem Abendessen auf dem Heimweg durchs Buschland tauchten alle möglichen Tierarten im Scheinwerferlicht auf: verschiedene Arten von Buschböcken, von kleinen Waldduckern bis zu großen Elefanten, Antilopen und Kudus, Wildkatzen, Stachelschweinen, Affen. Mein Bruder und ich strengten uns an, wach zu bleiben.

Diese netten Leute hatten eines gemeinsam, das ich damals nicht bemerkte. Es waren Überlebende des Ersten Weltkriegs. Die Männer hatten künstliche Arme und Beine oder Augenklappen. Sie erörterten, wo sich die verschiedenen Granatsplitter wohl aufhielten, die unablässig in ihrem Körper verborgen herumwanderten, doch gelegentlich aus einem gesunden Gewebe austraten und klirrend in einen Rasiernapf oder auf einen Teller fielen. Eine Frau hatte vier Söhne und den Mann in den Schützengräben verloren und bewirtschaftete mit dem verbliebenen Sohn die Farm. Sie war würdevoll, stoisch, und ihr Farmhaus voll mit den Photographien toter Männer in Uniform. Eine andere Familie hatte zwei Jungen, mit denen wir spielten, doch die Photos des dritten beherrschten das Haus und das Gespräch der Eltern: er war mit einem torpedierten Schiff untergegangen. Es gab einen Mann mit einer Stahlplatte, die sein Gehirn zusammenhielt, und von einem anderen ging das Gerücht, er habe eine Stahlplatte, damit sein Gedärm nicht herausquoll. Sie sprachen über den Krieg, Männer wie Frauen – Krieg, Krieg und nochmals Krieg –, und wir Kinder flüchteten uns ins Buschland, genau wie zu Hause, wo mein Bruder und ich partout nichts hören wollten von dem, was mein Vater mit der Zeit sarkastisch als ›den großen Unaussprechlichen‹ bezeichnete: »Ich will euch nicht mit dem ›großen Unaussprechlichen‹ langweilen, Gott bewahre, daß ihr eure Zeit für so was Unwichtiges verschwendet.« Das Reden über den Krieg hatte viel Ähnlichkeit mit diesen Geschichten von den ›netten Leuten‹, mit denen uns unsere Mutter ständig drangsalierte. Die arme Frau handelte ganz ihrer Klasse und ihrer Zeit entsprechend, tat nur – so sah sie es – ihre Pflicht an ihren Kindern.

Und so sehe ich uns dort sitzen: wir vier am Frühstückstisch. Mein Vater war natürlich in Gedanken Tausende von Meilen weg, wahrscheinlich in den Gräben oder auf einer Tagung von Wissenschaftlern, die allesamt an seinen Lippen hingen. Wir, die Kinder, saßen jeweils an einer Tischseite und schauten wie gewöhnlich mit verlegener Ungeduld unsere Mutter an, ganz zappelig, endlich ins Buschland hinauszukommen. »Hört bitte zu«, sagte sie, »dies *eine Mal* hört wenigstens zu. Irgendwann einmal, wenn wir von der Farm weggehen, werdet ihr mit netten Leuten leben müssen wie die übrigen auch, dann könnt ihr nicht mit allen möglichen Typen herumschlawinern wie hier. Michael – sprich du mit ihnen! Sag ihnen, daß sie mir zuhören sollen, nur dies eine Mal – Michael!«

»Was? Ah ja, also Kinder, hört eurer Mutter zu.« Doch er war dabei schon aufgestanden und hatte seine Wünschelrute gegriffen, und wir hasteten ihm so schnell wir konnten nach, um ja nicht den verletzten, traurig irritierten Ausdruck auf ihrem Gesicht wahrzunehmen.

Die Sache mit dem Gold bedeutete, daß die übliche Abfolge von Besuchen und Besuchtwerden ständig gefährdet war. Mein Vater murrte tagelang bei der Aussicht, zu dieser oder jener Familie fahren zu müssen: »Mein Gott, muß ich denn da hin? Na gut, aber dann am Sonntag, wenn die Boys frei haben.« Oder: »Tut mir leid, unmöglich, wir fangen mit dem Pflanzen an, jetzt, wo der Regen da ist.« Aber es machte ihm nichts aus, dreißig Meilen an einem gewöhnlichen Arbeitstag zu fahren, um sich eine kleine Mine anzuschauen und dort an einem Erzgang eine Theorie zu überprüfen. Er wußte im voraus genau, wie der Erzgang unter der Erde verlief, wo er endete, aus welchen Mineralien und Gesteinsschichten er bestand, wieviel Gold er führte. Und da war mein Vater nun den ganzen Tag in der mörderischen Sonne, eine schäbige, aber eindringliche Gestalt, die über dem vermuteten Erzgang vor- und zurückschritt, während meine Mutter dasaß, sich höflich mit einer Frau unterhielt, mit der sie, davon war sie überzeugt, nichts gemein hatte, und wir Kinder an der Mine herumlungerten, die etwas Fremdes für uns war, denn wir waren Farmkinder. Und dann fuhren wir im Sternenlicht zurück, die Nachtluft duftete nach all den Gräsern, war aber so abgekühlt, daß wir uns nach dem langen heißen Tag gut in Decken einpacken mußten. Meine Mutter, mit ihrem schicken Hut, die Handschuhe und die Tasche im Schoß, fragte dann stets: »Nun, Michael, hat es sich gelohnt?« »Was, Liebes? Ja. Ich denk' schon.« »Wir sind dort den ganzen Tag gewesen«, fuhr sie insistierend fort, mit ihrer kleinen, unglücklichen Stimme, die sie hören ließ, wenn sie glaubte, es sei ihre Pflicht, hartnäckig zu bleiben, »und niemand da, der ein Auge auf die Farm hatte ...«

»Aber man erfährt doch immer etwas dabei; wenn der Erzgang dort zwei Unzen pro Tonne führt und ich mit einem ähnlichen Ertrag rechnen darf, dann wüßte ich, wieviel ich im ganzen zu erwarten habe, sollte ich auf unserem Gelände auf Gold stoßen, oder?«

Es war nicht der Stil meiner Eltern, sich zu streiten, zu schreien oder die Stimme zu erheben, anzuklagen oder eingeschnappt zu sein. Ich kann mich nicht erinnern, daß so etwas je vorgekommen wäre. Aber ich lag nachts wach, lauschte ihren Diskussionen. Ihre Stimmen drangen leicht durch die rissigen und abbröckelnden Lehmwände. Die Stimme meiner Mutter war geduldig, beharrlich: die Stimme der Vernunft. Er behauptete seinen Standpunkt, und der war sehr verschieden von dem ihren. Ihre Fakten und Zahlen waren lauter kleine nüchterne Möglichkeiten, das Unberechenbare der Ernten war bereits einkalkuliert. Sein Reden drehte sich um große

Geldsummen und goldträchtige Erzgänge, wie glitzernde Flüsse.

1935, zehn Jahre nach Ankunft meiner Eltern in der Kolonie, war dies die Situation. Unser Haus stand noch immer, ein plumpes altes Wrack mit seinem immer wieder geflickten Strohdach und den klumpigen, übertünchten Lehmwänden. Das Dach leckte in der Regenzeit, und bei einem heftigen Sturm strömte es gleich an einem Dutzend Stellen in Eimer, Kübel und Becken. Nie werde ich das erlesene gehämmerte Kupferbecken aus Persien vergessen, das mitten im Raum auf einer abgewetzten, aber leuchtenden Perserbrücke stand, ein Anblick wie aus dem Märchen. Vom Dach troff das Wasser ins Becken und schwemmte Käfer und Ameisen mit sich, die sich an Strohhalme klammerten und sich mühselig über den Beckenrand kämpften, runter auf den Teppich, den Boden entlang zu den Wänden hin und wieder zurück aufs Dach.

An den Fenstern hingen noch die Liberty-Vorhänge, hübsch, aber fadenscheinig. In einem Schrankkoffer hinter dem Vorhang lagen ein Dutzend Abendkleider, gekauft für das erregende Gesellschaftsleben, das meine Mutter hier anzutreffen erwartet hatte, in Seidenpapier gefaltet und mit Mottenkugeln, wenn sie nicht gerade einmal fürs ›Feinmachen‹ gebraucht wurden. Die festliche Kleidung meines Vaters war ebenfalls dort abgelegt, ohne vermißt zu werden. »Du lieber Himmel!« sagte er, »man stelle sich vor, da sind Leute tatsächlich willens, sich in Schale zu werfen mit steifem Kragen und allem, um den Abend außerhalb zu verbringen und mit Fremden, die ihnen schnurzegal sind, lauter Unsinn zu reden. Kaum zu glauben, daß es so was noch immer gibt.« Die Situation auf der Farm war unverändert, weder prosperierend noch ruinös: Jedes Jahr wurde das Darlehen mit der Land-Bank neu ausgehandelt. Wenn nach den Erntezeiten das Geld einging, wurde ein Teil der Schulden beim Lebensmittelhändler bezahlt. Mochte die Wirkung der Depression anderswo nachlassen, hier schien das nicht der Fall zu sein, wenn es auch einigen Farmern, die sich im Ersten Weltkrieg durch Maisanbau für immer saniert hatten, gutging. Heute gehören die Söhne dieser Farmer in Zimbabwe zu den Reichsten im Land.

Mein Vater war dazu überredet worden, es ein paar Ernten lang mit Tabak zu probieren, und es gab zwei Tabakscheunen, die von seiner Entschlossenheit zeugten. Scheunen zu bauen kostete viel Geld, diese aber standen leer. Nachts aufzustehen, um die Temperatur zu überprüfen, und die dampfige Luft bei der Fermentierung (Virginia-, nicht Orienttabak) war zuviel für ihn gewesen. Zudem hatte er inzwischen auch Diabetes. Hätte er diese Krankheit ein Jahr zuvor bekommen, wäre er wahrscheinlich daran gestorben, denn er hatte schwer Diabetes, und Insulin war gerade erst entdeckt worden. Eigentlich sollte er nur mageres Fleisch, Kopfsalat und Zwieback essen, denn das war in jenen frühen Zeiten, bevor die Ärzte einsichtig wurden, die Diät. Aber meine Mutter rebellierte und sagte, er würde verhungern, bevor er noch an Diabetes stürbe. Sie übernahm das Kommando und stellte mit ihm eine vielfältige Kost zusammen, die auf das Insulin abgestimmt war. Mit jedem Tag wurde sie

Doris Lessing mit den Eltern und ihrem Bruder Henry

wieder mehr zu einer Krankenschwester. Mein Vater war, wie so viele Diabetiker, zu einem Hypochonder geworden. Der Mann, der es einst verschmäht hatte, Rücksicht auf sein Holzbein zu nehmen, auf Bäume kletterte, Pferde ritt und in gefährlich schwankenden Eimern Minenschächte hinunterfuhr, redete nun von seinen Krankheitssymptomen mit einer Intensität, die er sonst nur für Gold und Rutengehen an den Tag legte. Statt wie früher dem Goldfieber zu grollen, darunter zu leiden, war meine Mutter jetzt geradezu dankbar, denn es sorgte dafür, daß sich mein Vater Tag für Tag mit seiner Wünschelrute im Freien aufhielt, und dabei dachte er nicht über seine rasch sich verschlimmernde Krankheit nach.

Inzwischen betrachtete er das Wünschelrutengehen als eine neue Wissenschaft, die er begründete. Er benutzte Eisengerten und Stahlgerten und Zweige von verschiedenem Gehölz aus dem Buschland. Er ›neutralisierte‹ das Gold in den Erzgängen tief unter seinem Fuß mit Goldringen, die er mit den Enden der Wünschelrute in den Händen hielt. Er versuchte es mit Silberringen, Muttern und Schraubenbolzen vom Pflug, Vorhangringen aus Messing oder tauchte die Ruten in Wasser oder in verschiedene chemische oder mineralische Lösungen ein. Er arbeitete den Großteil des Tages daran, und nachts träumte er davon, weckte meine Mutter und sagte: »Hör zu, Mädchen, wenn Wasser Wasser neutralisiert, und Gold Gold, und also die Rute am Ende dieses Grabens hinuntergezogen wird, kann es weder Gold noch Wasser sein, da ist was anderes unten, ich frage mich, was wohl? Chromit? Asbest? Was glaubst du?« Chromit- und Asbestminen gab's in unserer Nähe, und Chromitgestein und unbearbeitete Asbestfasern gehörten mit zu seiner Ausstattung. Wir liebten es, mit dem Asbest zu spielen, einem verlockenden Zeug, das wie jene Süßigkeit aussah, die ›Seidenkissen‹ heißt, oder wie Meerjungfernhaar, grün und glitzernd.

Ich habe verkappt über meinen Vater in der Erzählung *Eldorado* geschrieben, worin ich die schmerzliche Leidenschaft für Gold schilderte. Aber Gold, die Gier und das Verlangen danach, war schon längst zweitrangig geworden. Er war an diese seine ›Wissenschaft‹ verloren. Er glaubte, daß er im Begriff war, eine neue Methode zu entdecken, um jedwedes Material aufzufinden – Gold war nur eins davon. Er fühlte sich allein auf der Welt, niemand Gleichgesinntes, mit dem er reden konnte, obwohl seine Kinder, wenn sie nicht zur Schule gingen, ihm ernsthaft zuhörten, die Ruten ausprobierten und mit ihm die Gräben entlangschritten auf der Suche nach sich

Doris Lessing mit ihrem Vater und ihrem Bruder Henry

entziehenden Erzgängen. Nur die gelegentlichen Wassergänger, die über die Farmgelände wanderten in der Hoffnung, eine Fünf-Pfund-Note zu ergattern, wenn sie einen Wasserlauf entdeckt hatten, lauschten ihm zuerst verständnisvoll, begannen aber höflich-distanziert dreinzublicken, wenn er von Gold und Mineralien sprach. Er fragte sich, wer sonst noch und wo, auf welchem Kontinent und in welchem Land, die anderen Leute waren, die denselben Gedankengang verfolgten. Vielleicht könnte er in allen Zeitungen der Welt inserieren und sich mit ihnen in Verbindung setzen? »Nein, das kannst du *nicht*«, sagte meine Mutter. »Wir können uns das nicht leisten.«

Warum waren alle so engstirnig? Eines Tages würde seine Familie ihn ernst nehmen: aber schließlich werden Propheten von ihren Nächsten und Vertrautesten nie gewürdigt.

Er ließ sich Bücher und Zeitschriften über Metalle und Bergbau kommen, die vom streng Wissenschaftlichen bis zum Mystischen reichten, während meine Mutter protestierte, sie brauche das Geld für Kinderkleidung. Er bedauerte, daß er nicht den Weitblick gehabt habe, Metallurgie und Chemie in der Schule zu studieren: war es jetzt wohl zu spät, dies durch einen Fernunterrichtskurs nachzuholen? Er sann über den Einfluß des Monds auf die Metalle in der Erde nach und über den Einfluß der Metalle in der Erde auf Mond und Menschen und Tiere.

Wo er sich einst geweigert hatte, mit dem Scotchcart (zwei Tonnen auf einem Gestell, das von zwei Ochsen gezogen wurde) mehr als zweimal die Woche Wasser den Hügel hinauf zum Haus bringen zu lassen – das Baden mußte darum schon rationiert werden –, machte der Karren jetzt jeden Tag die Fahrt, denn so viel Wasser war nötig, um die Gesteinsproben auf Gold hin auszuwaschen. Kostbares Wasser floß den steinigen Hügel hinunter und ließ zwischen den silbrig-goldenen Gräsern der Trockenzeit saftige Plantagen frischen grünen Unkrauts wachsen. jetzt wurden nicht nur ein oder zwei Proben nach Salisbury zum Begutachten eingesandt, sondern manchmal gleich Dutzende. Das alles kostete ein Vermögen.

Aber was konnte meine Mutter tun? Ihr gesunder Menschenverstand wurde dauernd gröblich beleidigt, sie litt und rebellierte, doch meist stillschweigend, denn auch sie war allein, niemand da, der ihr zuhörte. Sie selbst hatte alle möglichen Symptome, besonders schlimme Kopfschmerzen. Sie wußte, daß sie ein schwaches Herz hatte, aber niemand nahm das ernst, nicht einmal die Ärzte. Sie konnte nur vollgepumpt mit Beruhigungsmitteln schlafen.

Und dennoch ... Es konnte ja sein, daß auch heute noch Gold gefunden wurde. Man *hatte* Gold gefunden, keine drei Meilen entfernt, und sie war mit ihrem Michael dorthin gegangen – sie war immer an seiner Seite, egal, wie verkehrt sie sein Verhalten fand –, um eine neue Theorie zu überprüfen. Der Goldschürfer war ein Schotte mittleren Alters, der schon verschiedentlich Schiffbruch mit Farmen und Minen erlitten hatte, kein Einzelfall damals. Dies war ein letzter riskanter Versuch, mit einem einzigen in die Erde getriebenen Schacht und alten klapprigen Maschinen. Er lebte von Wild, das er sich im

Busch erlegte, und von Maisbrei (wie ein Kaffer!), und er hatte die roten Augen und den mürrischen Blick des Gewohnheitstrinkers. Sie wußte, daß sie noch glücklich dran war, verglichen mit so einem. Eines Tages mochte sich herausstellen, daß an seinen lächerlichen Theorien doch etwas dran war, und dann könnte sie der Farm den Rücken kehren ... Doch was sollte sie mit so einem kranken Mann anfangen? Sie hatte sich damit abgefunden, daß er nie wieder gesund würde, daß sich sein Zustand womöglich verschlimmerte; und jetzt waren es ihre Kinder, um die sie sich am meisten sorgte.

Sie hatte ihren Sohn in der einzigen Schule im Lande untergebracht, die sich mit ›wirklichen‹ Schulen in England vergleichen ließ, einer Prep-School, die nach englischen Richtlinien geführt wurde. Natürlich konnten wir sie uns nicht leisten. Sie hatte alle ihre organisatorischen Fähigkeiten demonstriert, alle Hebel in Bewegung gesetzt, um Stipendien zu bekommen. Aber was würde mit ihm später geschehen? Nichts in der Art einer englischen Public School war vorhanden, und es blieb die Frage seiner Karriere. Kein Geld da, um ihm zu einem guten Start zu verhelfen, keine Zukunft! Sie wollte, daß er in die Marine eintrat und sein Leben mit netten Leuten verbrachte. Doch wenn sie darüber sprach, schaute er nur vage drein und ging mit seinem Gewehr ins Buschland hinaus, allein oder zusammen mit einem schwarzen Jungen.

Neulich kam mein Bruder zu Besuch aus Afrika, und wir redeten über unsere Kindheit in dem alten, strohgedeckten Lehmhaus im Busch. Welch wundersames Glück! Wir hatten Land besessen, das nie zuvor kultiviert worden war, und das Buschland war noch nicht ruiniert von weißen oder schwarzen Dummköpfen. Wir waren von allen Arten wilder Tiere und Vögel umgeben, waren frei, über Tausende von Morgen Land herumzuwandern, wenn wir wollten, Einsamkeit, das kostbarste unserer Geschenke ..., aber unsere Mutter lag nachts wach, krank vor Kummer, weil ihre Kinder benachteiligt waren, weil sie keine anständigen Mittelstandskinder in irgendeinem Londoner Vorort waren.

Wenn ihr schon die Zukunft ihres Sohnes Sorgen machte, was ließe sich erst über die ihrer Tochter sagen!

Ich war ständig krank in der Schule, und nicht nur vor Heimweh. Ich hatte tatsächlich ein paar richtige Krankheiten, Malaria und Ruhr, aber mit Duldung meiner Mutter legte ich mir unbestimmte Leiden zu, die mich stets ins Krankenzimmer der Klosterschule brachten, wo ich Anspruch darauf hatte, verhätschelt zu werden. Meine Mutter veranlaßte ihren widerstrebenden Mann, sie auf schnellstem Weg die siebzig Meilen in die Stadt zu fahren, auch wenn das Wort ›schnellstem‹ hier relativ zu nehmen ist – in unserem uralten Geländewagen dauerte die Reise Stunden. Dort unterrichtete sie die Schwestern und den Arzt, daß ich dieser oder jener Behandlung bedürfe: sie wisse das am besten, sie sei im Royal Free Hospital in London ausgebildet worden. War ich einmal im Klassenzimmer, machte ich meine Sache recht gut, doch ich versuchte unentwegt, mich dem Verlangen meiner Mutter zu entziehen, daß ich klüger als all die anderen sein sollte. Ihre Pläne für meine Zukunft hatten den trügerischen, verderblichen Glanz von Goldminengerede, dem zuzuhören ich mich mittlerweile weigerte. Meine Musikstunden mußten in Konzertaufführungen enden, da sie selbst Konzertpianistin hätte werden können. Wenn ich eine Melodie summte, stand die Große Oper für mich offen. Meine Versuche im Zeichnen wurden von Gesprächen über große Maler begleitet. All das geschah unter englischen Vorzeichen. Es war undenkbar, daß ich (oder sonst ein weißes Kind) Shona lernen oder mich bemühen sollte, das wirkliche Leben der Schwarzen zu verstehen. Heute kann man sich das nicht vorstellen, aber ein Mann, der herumreiste und afrikanische Musik aufzeichnete, wurde als ›Kaffern-Geselle‹ und Verräter an den Weißen betrachtet. Ein Dichter, der im Buschland lebte und sich der Schwarzen annahm und ihre Zuneigung genoß, wurde von den Weißen gehaßt, die auf jedwede Erwähnung seines Namens mit jenem lauten, nervösen und höhnischen Lachen reagierten, das besagt, daß man sich bedroht fühlt. Was nützt es da aufzuschreien: »Das ist doch irrsinnig!« So waren die Dinge eben.

Ich schrieb auch kleine Stücke. Aber ich versteckte diese Versuche vor ihr, weil ich das Gefühl hatte, sie stammten nicht von mir, sondern von ihr, denn sie ergriff Besitz von ihnen, indem sie mit aller Welt darüber redete.

Als ich vierzehn war, entschlüpfte ich unter einem Vorwand endgültig der Schule und lebte auf der Farm, wo ich lesend auf meinem Bett lag oder mit dem Gewehr im Buschland herumstromerte. Angeblich hatte ich eine

›leichte Fieberkrankheit‹. Vielleicht stimmte das auch. Zweifellos hatte ich ständig erhöhte Temperatur, war kraftlos und betäubt von einer großen Menge Chinin, die mich erstaunlicherweise nicht umbrachte. Doch die Rettung nahte. Ich wurde von einer wohltätigen Organisation auf einen zweimonatigen Urlaub in einen anderen Landesteil geschickt, einmal richtig weg von zu Hause. Dort erkannte ich gewisse Dinge äußerst klar. Eines vor allem, nämlich, daß ich völlig in Ordnung war. Mir wurde bewußt, ich mußte jenem Zuhause entfliehen, wo beide Eltern krank waren, von Krankheit besessen. Als ich heimkam, erzählte ich meiner Mutter, daß es mir bestens gehe, und: »Es hat keinen Zweck, je wieder zu versuchen, mich krank zu machen.« Natürlich verstand sie nicht, was ich meinte; sie glaubte, ich sei wie immer grausam und ungerecht.

Inzwischen vermute ich, daß sie wegen der Menopause ein bißchen überspannt war. Heutzutage würde man ihr ein paar Pillen verschreiben, und sie bliebe sie selbst: unauffällig, humorvoll, bescheiden. Sie war besessen. Zum einen von den Unzulänglichkeiten ihres schwarzen Personals. Wie beinah alle weißen Hausfrauen damals (und jetzt noch immer in Südafrika) sprach sie zu ihnen mit nörgelnder Stimme voller Abneigung, sehr zum Kummer meines Vaters. ›Was soll das denn, den Leuten, die geradewegs aus dem Dorf kommen, solche Szenen zu machen wegen Teelöffeln, Tassen und dazu passenden Untertassen?« Meist hörte sie bloß zu, diesmal schrie sie: »Offenbar verlangst du, daß ich meine Ansprüche herabschraube!« Und zum anderen war sie

Mit vierzehn Jahren

von mir besessen: mein Bruder war in der Schule, aus dem Weg, in Sicherheit. Alles, was ich war und was ich tat, schockierte sie. Sie wollte, daß ich ein kleines Mädchen bliebe in einem Land, wo Mädchen früh erwachsen wurden. Und weil sie deswegen darauf bestand, daß ich Kinderkleidung trüge, widersetzte ich mich ihr und verdiente mir beim Metzger am Ort Geld, indem ich Perlhühner und Tauben schoß, um mir Stoff zu kaufen und meine eigenen Kleider zu nähen: Kleider für Erwachsene, die sie haßte. Ich las Bücher, die ich für mich selbst entdeckte, nicht länger die Klassiker und die ›guten‹ Kinderbücher, die sie für mich bestellte. Ich war kritisch gegenüber dem, was ich um mich herum sah, die Armut der Schwarzen und die Einstellung der Weißen, aber auf eine verwirrte, unwissende Art, und darum blieb ich ihr ungeschützt ausgeliefert. Was sie jedoch wirklich vor Enttäuschung krank machte, war, daß sie ihre gesamte Energie und all ihre Begabung auf ihre Tochter übertragen mußte, die für sie das Leben führen würde, das man ihr vorenthalten hatte. Aber das Mädchen glich einer Mauer mürrisch-wütender Zurückweisung, war normalerweise stumm, um dann in Heftigkeit und Spott auszubrechen.

»Warum haßt du mich so sehr?« weinte sie, während ich mich bei meinem Vater beklagte: »Warum haßt sie mich? Sie hat mich immer gehaßt.«

Heute verstehe ich ihre Verfassung sehr gut. Sie litt unter jener weit verbreiteten Krankheit des mittleren Lebensalters und hatte das Gefühl, alles gleite ihr durch die Finger; sie konnte nichts in den Griff bekommen oder festhalten. Wie wenn sie mit viel zu vielen Bällen in der Luft jonglierte und wußte, daß, ließe sie einen fallen, alle anderen heruntergepurzelt kämen.

Ich setzte diesem schrecklichen Zustand, mit ihr in einem Haus zu sein, ein Ende, indem ich nach Salisbury weglief und das wurde, was man heute Au-pair-Mädchen nennt. (Damals bedeutete ›Au pair‹ gewöhnlich, daß reiche Familien aus verschiedenen Ländern Töchter austauschten, damit sie die jeweiligen Sprachen und Sitten erlernen konnten.) Achtzehn Monate lang arbeitete ich in zwei verschiedenen Familien. Es war langweilig, aber nicht allzu schlimm; die Leute waren angenehm, man kam miteinander aus. Aber es war Zeitverschwendung, und meine Mutter verzweifelte, weil ihre Tochter Kindermädchen war. Ihr Zorn und ihr Elend erreichten mich, wo immer ich mich aufhielt, in endlosen Briefen voller phantastischer Drohungen, etwa daß ich zwangsläufig im Bordellviertel von Beira landen müsse. Gegen sie als eine Mutter, die ich nicht anerkennen konnte, fand ich keine andere Gegenwehr als die, kalt und gleichgültig zu werden. Ich kehrte auf die Farm zurück, um einen Roman zu schreiben. Ich war das Idealbild einer schwierigen Heranwachsenden. Heute bin ich entsetzt über die Art und Weise, wie ich sie behandelt habe – allerdings hätte ich nicht anders gekonnt. Für meine Eltern muß es unerträglich gewesen sein. Für mich jedenfalls war es unerträglich. Ich beendete und zerriß zwei schlechte Romane, ging nach Salisbury und bekam einen Job in der Telefonzentrale. Meine Mutter empfand dies als endgültige Niederlage: ihre Tochter –

eine ganz gewöhnliche Telefonistin. Das Leben, das sie führte – nicht, daß sie ihren Eltern irgend etwas erzählte, sie mußten notgedrungen nach Salisbury kommen und selbst Erkundigungen einziehen –, war ›leichtlebig‹, schäbig und widerlich.

Tatsächlich arbeitete ich dort den ganzen Tag, abends ging ich tanzen oder ins Kino, und jede freie Minute las ich. Wie all die anderen jungen Leute in der Stadt – die weißen, heißt das – befand ich mich in einem Zustand wachsender Erregtheit und Hochgespanntheit, denn der Krieg rückte jetzt näher und näher. Heute weiß ich, daß wir alle ziemlich verrückt waren.

Als ich dann doch nach Hause kam, fand ich meine Mutter dabei, einen schwer kranken Mann zu pflegen. Seine Wünschelruten hingen an der Wand, unbenutzt. Auf dem Farmgelände war Gold gefunden worden, aber nicht von ihm. Nichts von Bedeutung: ein Schürfer versuchte nun einen Erzgang auszubeuten, der pro Tonne nur wenige Gramm Gold enthielt, doch es war schon bitter, daß ein anderer ihn entdeckt hatte. Bitter für meine Mutter. Mein Vater kam gar nicht auf die Idee, neidisch zu werden, er freute sich über das Gold. Er war jedoch zerstreut und geistesabwesend, und man mußte ihn jetzt immer häufiger mit Feingefühl von den Schreckenslandschaften des Ersten Weltkriegs weglotsen – worauf er fast unweigerlich auf den drohenden Zweiten Weltkrieg zu sprechen kam. Er und meine Mutter hatten schon seit Jahren gewußt, daß er unvermeidbar war. Ich frage mich oft, durch welche Verknüpfung von Umständen sie dessen so sicher waren und im großen ganzen auch recht behielten mit ihrer Meinung zur englischen Politik. Etliche Jahre früher als die meisten wußten sie zum Beispiel, daß Churchill der einzige mögliche Retter für England sein würde. Doch während sie über die Innenpolitik so vernünftige Ansichten hatten, bei der internationalen Lage war das etwas anderes. Mein Vater war ›britischer Israelit‹ geworden. Er glaubte an sehr viele erschreckende und widersprüchliche Dinge. Natürlich teilte meine Mutter die Auffassung nicht, daß Rußland und Deutschland dem Antichrist anhingen und dazu prädestiniert seien, sich gegen England zu verbünden, das von Gott dazu erkoren sei, die Welt zu erretten. Sie mochte Gog und Magog nicht und das mit dem Verlorenen Stamm und den sieben Millionen Toten um Jerusalem. Sie betrachtete das Ganze als Symptom seiner Krankheit und setzte all ihre Energie dafür ein, Mittel und Wege zu finden, ihre Tochter zu retten – ein leichtfertiges Ding, das nur Männer im Kopf hatte – und ihren Sohn in die englische Navy zu bekommen.

Schon sehr bald kam das unmögliche Mädchen, das gesagt hatte, sie wolle erst in ferner Zeit heiraten, und von hundert – allesamt unpassenden –Karrieren gesprochen hatte, mit einem Mann daher, den sie demnächst heiraten werde. Sie war neunzehn, viel zu jung, er war zehn Jahre älter als sie – und sollte deshalb vernünftiger sein, wie Michael meinte. Aber dieser Schwiegersohn war – das hatten Erkundigungen ergeben – nicht so übel, wenn man überhaupt erst einmal die Möglichkeit einer Heirat mit einem aus der Kolonie in Betracht zog, statt der mit einem netten Arzt oder Anwalt aus England. Wie es schien, winkte ihm eine Zukunft im Staatsdienst.

(Tatsächlich wurde er Vorsitzender des Obersten Gerichtshofs und bekleidete einige weitere hohe öffentliche Ämter.) Unerträglich für meine Mutter war es hingegen, daß ich nie irgendwelche Fakten erwähnt hatte, die zu seinen Gunsten sprachen, und es mich anscheinend direkt überraschte, als ich davon hörte. Als wären diese Dinge unwichtig und zählten nicht!

Wieder einmal kam Mutters Sinn für das Feierliche nicht auf seine Kosten. Wie wenig hätte es bedurft, ihm Rechnung zu tragen – das wird mir erst heute bewußt. Ihre Natur, ihre Erziehung verlangten nach einer angemessen vorbereiteten und durchgeführten Geburtstags-, Jahrestags-, Hochzeits- oder Jubiläumsfeier. Aber das Schicksal hatte ihr eine Familie beschert, die dem von Natur aus gleichgültig gegenüberstand. Ihr Mann erinnerte sich nicht an Geburtstage, und wenn sie es tat, gab er ihr diesen langen, nachdenklich-interessierten Blick, der besagte, sie sei wieder einmal engstirnig. »Geburtstage«, so konnte man ihn laut denken hören, »warum sollte jemand drauf Wert legen? Bloß noch so eine dumme Konvention!« »Oh, unser Hochzeitstag heute? Du lieber Himmel, tut mir leid; ja, wenn du meinst, wir sollten ...« – Und jetzt sagte ihre Tochter einfach: »Das ist Frank Wisdom. Wir werden nächsten Monat heiraten.« Auf die Idee, sich zu verloben oder wenigstens einen Verlobungsring zu wünschen, war sie gar nicht gekommen. Fast im Handumdrehen fand eine überstürzte und stillose Hochzeit statt, die meine Mutter tief unglücklich machte.

Dann passierte zweierlei. Deutschland überfiel Polen, und der Krieg wurde erklärt; gleichzeitig verkündete das junge Paar, ein Enkelkind sei unterwegs, aber bitte deswegen kein Trara. Ein Krieg sei im Gange, und sowieso, er würde rauf nach Norden geschickt werden, ins Kampfgebiet.

Meine Mutter sehnte sich danach, Trara zu machen, zu stricken und zu nähen und über die Schwangerschaft zu reden; und als sie damit anfing, duldete man es allenfalls. Ihren natürlichen Gefühlen war wieder einmal ein Riegel vorgeschoben worden. Eine Kriegserklärung ist gewiß eine feierliche Angelegenheit, die aller Tradition nach gewisse Reaktionen verlangt, und sie verhielt sich dementsprechend. Die ganze Zeit auf der Farm, selbst wenn die Sorgen am größten gewesen waren, es ihr jämmerlich ergangen war, hatte sie sich immer verhalten, wie die Erziehung es ihr vorschrieb, sie hatte Geld für eine gute Sache gesammelt und versucht, Komitees zu gründen. Und jetzt bei Kriegsausbruch triezte sie ihre Nachbarn zu allerlei kriegsnützlichen Arbeiten. Das wurde ihr verübelt: ›Wer glaubt sie denn, wer sie ist?‹ fragte man, und durchaus nicht zum ersten Mal. Doch es war ihr geglückt, meinen Bruder Harry in der Navy in England unterzubringen. Das war keine einfache Sache gewesen, und alle Hebel waren in Bewegung gesetzt worden: überhaupt nur der Krieg hatte es ermöglicht. Sobald mein Bruder wirklich in Dartmouth war, fiel es ihm schwer mitzuhalten. Seine Idee war es nicht gewesen, zur Navy zu gehen, er hatte immer Farmer werden wollen. Ihm fehlten einige für die Navy erforderlichen Fachkenntnisse, und so mußte er härter büffeln als andere.

Aber er war dort. Endlich ereignete sich doch etwas Gutes, etwas Angemessenes, das einen Zusammenhang herstellte zu ihrer Erziehung und ihren alten Hoffnungen, und zum ersten Mal, seit sie in dieses Land gekommen war. Wo sie sich noch immer nicht zu Hause fühlte. Sie sprach jedoch nicht länger davon, in die Heimat zurückzugehen. In Kriegszeiten war das ausgeschlossen: wer könnte sagen, wie lange der Krieg dauern würde? Und ihre Kinder würden hier sein, denn ihr Sohn hatte ihr geschrieben, er werde schnurstracks zurückkehren, sobald der Krieg es erlaube, sein Platz sei in Afrika, und ihre Tochter war hier verheiratet. Zufriedenstellend verheiratet: auch wenn die Art und Weise, wie sie alles tat, falsch war und einzig dazu bestimmt (davon war meine Mutter überzeugt), sie zu verletzen, war, was sie tat, nichts anderes als die koloniale Entsprechung dessen, was sie selbst gewünscht und auch getan hätte.

Eine Zeitlang schien es so, als könnte diese Ehe erst nach dem Krieg richtig beginnen, doch dann stellte sich heraus, daß Frank nicht mit den anderen im Norden kämpfen konnte – untauglich aus Gesundheitsgründen. Ein Haus wurde gekauft. Sie wurde nicht gefragt, obwohl sie doch genau wußte, was sie brauchten: viel Platz für Kinder und für Abendveranstaltungen. Und genau so ein Haus kauften sie. Es stand an einer der alten baumgesäumten Prachtstraßen, ein Bungalow in bereits altmodischem Stil, mit weitläufigen Zimmern und Veranden und einer verglasten Veranda hinterm Haus.

Das erste Kind kam auf die Welt, und natürlich hatte das junge Paar keine Ahnung, wie man mit einem Baby umgeht. Es war ihre Pflicht, die Sache richtig anzupakken ...

Meine Mutter lernte Autofahren erst, als sie die Farm verließ. Mir kam das seltsam vor. Zwar war es damals eher selten, daß ältere Frauen fuhren, aber viele taten es. Doch sie, sie tat's nicht, wollte nicht. Tapfer, wie sie war, glaubte ich nicht, daß sie Angst davor hatte. Eine Frau, die nichts dabei fand, mit dem Revolver einer Kobra direkt auf den Kopf zu zielen, um ihr den Garaus zu machen? Es war ein Geheimnis ... Daß sie selbst nicht Auto fuhr, bedeutete, daß ihr Mann und ihre Kinder sie herumkutschieren mußten, und es war ein Mittel, Hilfe und Unterstützung von ihnen zu bekommen: sie gaben ihr so wenig.

Je mehr sie über die schlimmen Zustände im Haus ihrer Tochter in der Stadt grübelte, desto häufiger kam sie zu dem Schluß, sie müsse dort nach dem Rechten sehen. Jetzt, da ihr Mann zu krank war, um sie den ganzen Weg zu fahren, mußte sie sich um Mitfahrgelegenheiten kümmern. Den Vortag der Reise verbrachte sie damit, Hühner zu braten, Kuchen zu backen, Marmelade und Erdnußbutter zu machen, Zitronenaufstrich und Ingwerbier. Das Auto des Nachbarn wurde mit all dem vollgepackt bis obenhin. Gewöhnlich rief sie ihre Tochter vor dem Besuch nicht an, sie fürchtete sich vor etwas, das neu war an ihr: vor der kühlen, lächelnd-unzugänglichen Höflichkeit. Noch vor drei Jahren war das Mädchen grob, mürrisch, taktlos – unmöglich gewesen; jetzt war sie höflich – und unmöglich. Wüßte sie Bescheid, daß ihre Mutter am nächsten Tag käme, wäre sie mit Sicherheit höflich, würde aber sagen, daß sie fort sein werde oder beschäftigt oder sonstwas.

Meine Mutter erschien immer mit allen möglichen Nahrungsmitteln. Sie fand die Speisekammer und den Eisschrank gefüllt vor. Damals war unser Haus ein Haushalt wie jeder andere. Der Küchenjunge saß in der Küche und putzte Gemüse. Der Hausboy, der um zehn Uhr morgens seine Arbeit erledigt hatte, schwatzte wahrscheinlich mit Freunden hinterm Haus bei den Mülleimern. Das ›piccanin‹, das kleine Negerkind, spielte mit einem Spielzeug im Garten oder paßte auf den Kinderwagen mit dem Baby auf. Und wo war ihre Tochter? Vielleicht kochte sie gerade: sie hatte Gefallen daran, und Ehemänner kamen zum Lunch nach Hause. Oder sie erhielt gerade Besuche von den Frauen der Kollegen ihres Mannes. Dies erschien meiner Mutter eine passende Beschäftigung, Beweis dafür, daß ich erwachsen wurde. Endlich. Seitdem sie in der Kolonie war, hatte sie sich nach Besuchen von Frauen gesehnt – Teegesellschaften am Vormittag, Teegesellschaften am Nachmittag, richtige Geselligkeit mit netten Frauen. Doch ihre Tochter konnte leicht explodieren – »Wenn ich noch so eine Scheiß -Teegesellschaft aussitzen muß mit diesen Scheiß-Tratschweibern, die bloß über ihre Bediensteten jammern, dann schlitze ich mir die Kehle auf« – und schien sich danach selbst zu ermahnen und fest an die Kandare der Höflichkeit zu nehmen, setzte ein Lächeln auf und servierte Tee und Kuchen.

Meine Mutter ging auch in die Küche, um die Regale und Kochtöpfe zu inspizieren und ob Tee und Zucker gestohlen worden waren. Sie fuhr den Koch an, der eingeschnappt wegging. Sie rief den Hausboy zu sich, ein Zimmer nochmals zu machen. Sie monierte, es sei gefährlich, wenn das Negerkind das Baby berühren dürfe, wegen der Bazillen. Sie stellte verschiedene Möbelstücke nach ihrem Gusto um, und von alldem erschöpft, setzte sie sich hin, zündete sich eine Zigarette an und wartete darauf, daß ein richtiges Gespräch anfinge. Aber, wie sie sehen konnte, ihre Tochter war schon wieder unvernünftig – verärgert, wo sie eigentlich dankbar sein sollte. Nicht, daß sie ihre Verärgerung zeigte: sie saß nur lächelnd da, lächelnd ums Verrecken, und sagte nichts. Einmal nach einer wirklich gründlichen Überprüfung des ganzen Hauses hörte sie ihre Tochter zum Koch sagen: »Tut mir leid wegen meiner Mutter. Sie ist eine alte Frau. Beachten Sie sie nicht weiter.« Sie war außer sich. Zuerst einmal: sie war *nicht* alt. Und sie *wußte*, daß die Diener die Herrschaft übervorteilten, machten, was sie wollten, und die jungen Leute hatten die unmöglichsten Ideen im Kopf, zahlten den faulen Schwarzen viel zuviel. Sie wollte alles einmal richtig besprechen, ernsthafte Diskussionen über alles führen, so daß sie endlich einmal zuhören würden und ihnen klar würde, wie verbohrt sie waren. Sie kannte sich aus mit Bediensteten in England, in Persien und jetzt hier!

Immer kam sie mit dieser Vorstellung von einem klärenden Gespräch in die Stadt geeilt: es gab tausend Dinge, die besprochen werden mußten, ganz abgesehen von der Erziehung des Babys und von der Sache mit den Dienern. Alles an diesem Haushalt beunruhigte sie, und ihre Tochter war schuld: und doch konnte niemand sagen, das Mädchen sei faul. Die Speisekammer war voll mit selbstgemachten Marmeladen und mit Eingemachtem. Es waren immer Gäste da, und sie legte großen Wert auf gutes Essen. Sie nähte ihre Kleider selbst (einschließlich der viel zu vielen Tanzkleider: mußten sie denn wirklich so oft zum Tanzen ausgehen?), nicht aber die Babykleidung und die Hemden und Pyjamas ihres Mannes. Warum bat sie nicht ihre Mutter, ihr zu helfen? Warum sagte sie immer nein – höflich natürlich – zu jedem Hilfsangebot? Warum verstand sie nicht, daß das Leben ihrer Mutter schon immer ihr und ihrem Bruder aufgeopfert worden war; die Pflicht einer Mutter ist es, sich den Kindern zu opfern ...

Frauen dieser Generation sprachen leicht vom Sich-Aufopfern, gegenüber Kindern, die geduldig, ironisch oder grob waren. Eine Revolution hatte noch nicht stattgefunden: die nämlich, die sie darüber aufgeklärt hätte, daß das schlimme Heimweh ihrer Tochter in der Schule nichts Gutes war; daß einige ihrer eigenen Symptome vielleicht keine körperlichen Ursachen hatten; daß man nicht von ›Selbstaufopferung‹ sprach ...

Aber es *war* ihre Pflicht, sich aufzuopfern, gleichgültig, wie sehr und wie unfair man sie mißverstehen wollte; und sie bekam recht oft eine Mitfahrgelegenheit in die Stadt. Aber es wurde schwieriger wegen der Benzinrationierung. Sie erkannte, daß es an der Zeit war, in die Stadt zu ziehen, besonders da ein zweites Enkelkind unterwegs war, viel zu früh natürlich! Aber was für ein Abstieg, was für eine Niederlage! Das ›Weg-von-der-Farm‹ – dieser

Traum voll Goldstaub und Zauber, sollte er wirklich bloß auf den faden Verkauf der Farm (wegen des Krieges einigermaßen günstig) hinauslaufen und den Kauf eines Hauses in der Stadt? Ein Haus, ein bloßer Kasten, wurde gekauft. Es war nicht genug Geld da, um etwas wirklich Schönes zu kaufen, nachdem die Schulden bei der Land-Bank abbezahlt waren. Und das Haus stand nicht im Zentrum, sondern in einem Vorort, der seit einigen Jahren nicht mehr als schick galt. Mein Vater wurde einquartiert, und ihm war jede Minute in diesem Haus verhaßt. Er wollte die Farm nicht verlassen, das *Veld*, die Weite –, um das zu finden, war er nach Afrika gekommen. Ständig wiederholte er, daß ihm jetzt nichts übrigbleibe, als zu sterben. Meine Mutter protestierte, so schlimm sei es doch nicht! – aber sie wußte, es war sehr schlimm. Sie fühlte, daß ihrer beider Leben sich dem Ende zuneigte, noch bevor es wirklich begonnen hatte: denn die Zeit auf der Farm zählte nicht eigentlich, sie hatte immer darauf gewartet, daß das Leben anfinge, wenn sie von der Farm wegziehen konnte.

Mein Bruder Harry war auf der *Repulse*, die zusammen mit der *Prince of Wales* im Pazifik kreuzte, als beide Schiffe, die als unverkennbar galten, in Minutenschnelle von japanischen Bombern versenkt wurden. Mein Bruder kam nur um Haaresbreite mit dem Leben davon. Er wurde aus dem Meer gefischt, als er schon einige Stunden lang herumgetrieben war, und auf Erholungsurlaub nach Ceylon geschickt. Aber schon bald darauf war er wieder im Kampfgebiet, diesmal im Mittelmeer, auf der neuen *Ark Royal*.

Dies war schlimm für meine Mutter, die sich selbst die Schuld daran gab: Warum wurde sie für alles, was sie tat, bestraft? Es war ein solcher Triumph gewesen, ihren Sohn in die Navy zu bekommen.

Und nun schien mein Vater unfähig, an etwas anderes als an den Krieg zu denken; manchmal klang es so, als wäre er auf diesem Schiff im Mittelmeer. Gut nur, daß er in der Stadt war, nahe bei den Ärzten und dem Hospital, auch wenn er dieses neue Haus so sehr haßte. Das Haus sei doch in Ordnung, beharrte meine Mutter nun tapfer, die Zimmer hatten eine ganz passable Größe, mit hohen Decken; es gab Veranden, es war kühl. Aber das half nichts, er war ein verbitterter, zorniger, sorgenvoller Mann, nicht alt an Jahren, denn er war erst Anfang Sechzig, doch er sah alt, erschöpft und gebrechlich aus. Nichts war nicht in Ordnung mit ihm, und meine Mutter konnte ihn nicht länger als einen halben Tag allein lassen.

Sie wußte, so würde es weitergehen bis zu seinem Tod. Ihr neues Leben wurde mit der Energie und dem Mut, die ihr eigen waren, organisiert. Geld war knapp, und bald schon pflanzte sie wieder Gemüse zum Verkauf an, hielt sich Hühner und Enten und verkaufte sie und die Eier. Trotz der Krankheit ihres Mannes war sie viel fröhlicher. Die lange Abgeschiedenheit auf der Farm, die ihre geselligen Neigungen so hatte verkümmern lassen, war vorbei. Sie hatte Freunde in Salisbury: sie freundete sich immer leicht an. Und es gab Hunderttausende von Männern in den Royal-Air-Force-Camps rund um Salisbury, und sie hatten Heimweh und langweilten sich. Die Söhne von Freunden in England kamen bald zu Besuch und auch deren Freunde. Das Haus war voll mit Leuten, und sie kümmerte sich um sie, kochte Riesenmahlzeiten und schrieb Briefe an ihre Mütter. Sie nahm auch eine Kriegsarbeit an.

Ihre Hauptbeschäftigung aber war und blieb ihr Mann, der sich schon bald überhaupt nicht mehr anzog, sondern im Bademantel herumlief, und dann legte er sich ins Bett, um es nie wieder zu verlassen.

Er lag in einem Zimmer, das sie gewählt hatte, denn das Fenster bot Aussicht auf etwas, das für ihn nichts als eine quälende Erinnerung dessen bedeutete, was *Veld*, Buschland, eigentlich sein sollte. Stadt-*Veld* nannte er es, wo viel zu viele Leute durch ihre zahllosen Trampelpfade die langen Gräser gefährdeten und die Bäume, die sie ständig abholzten. Er lag aufgestützt da, ausgemergelt und weiß im Gesicht, und ein Glas Milch nach dem anderen entglitt seinen zittrigen Fingern, und wenn er aus der Batterie von Medizinflaschen auf dem Tisch nahe am Bett nach einer Pille tastete, fielen links und rechts Fläschchen und Schachteln herunter. Nun konnte er gar nicht mehr allein gelassen werden, und meine Mutter mußte ihre Kriegsarbeit aufgeben und die Besuche und bei ihm bleiben.

Es hatte den Anschein gehabt, als könnte es kaum schlimmer kommen. Und da verkündete ihre Tochter plötzlich, daß sie Mann und Kinder verlassen werde. Das war natürlich *unmöglich*. So etwas tat man nicht. Aber es passierte. Sie komme mit Frank nicht zurecht, sagte dieses schreckliche, anstrengende, destruktive Mädchen – dabei war sie während der vier Jahre allem Anschein nach recht gut zurechtgekommen. Sie könne, sagte sie, dieses Leben nicht ertragen, alles daran sei ihr verhaßt.

›Was hat denn das damit zu tun?« wollte die arme Frau wissen. »Wir sind nicht in diese Welt gesetzt, zu tun und zu lassen, was uns gerade gefällt!«

Nicht nur war das Kind im Begriff, ihren Mann zu verlassen (aber man sollte wirklich damit aufhören, sie Kind zu nennen, mit dreiundzwanzig Jahren), sie trieb sich auch in der Stadt herum mit Kommunisten.

Meine Mutter hatte nicht gewußt, daß es hier mitten in Afrika Kommunisten gab. Da sie, wie gewöhnlich, nichts dem Mädchen selbst entlocken konnte, machte sie zahlreiche Besuche in der Stadt, um etwas zu erfahren, und fand heraus, daß diese Kommunisten allesamt Ausländer waren, Juden, Flüchtlinge und Mitglieder der Air Force, viele von ihnen aus der Unterschicht. Und wenn Rhodesier, dann offensichtlich Außenseiter. Auch war da ein gewisser Unteroffizier, der »Ihre Tochter ihrem Mann weggeschnappt hat«. Eine furchtbare Sache, wie all diese Ehen auseinanderbrachen, doch was kann man schon erwarten, wenn die eigenen Leute alle oben im Norden in der Wüste kämpften und hier überall diese Männer von der Air Force stationiert waren?

Mit dem Unteroffizier konfrontiert, lachte das Mädchen bloß und sagte, *natürlich* verlasse sie ihren Mann nicht wegen eines anderen, sondern um einer neuen Gesellschaft willen. Sie fuhr dann fort, eine, wie sie es nannte, »Situationsanalyse« in einer Sprache zu geben, die völlig unverständlich war. Oft genug hatte sie die Art und Weise, wie die Weißen lebten, angegriffen, zornig, grob – und natürlich ungerecht. Aber was sie gesagt hatte, war zumindest verständlich gewesen. Jetzt hatte sie sich mit ihren neuen Vorstellungen ein neues Vokabular zugelegt.

Was geschah, war entsetzlich. Die Art, wie es geschah – wieder einmal –, unmöglich. Denn wieder einmal benahm sich keiner, wie er eigentlich sollte. Als sie ihren Schwiegersohn aufsuchte, um sich wegen des Benehmens ihrer Tochter zu entschuldigen, entdeckte sie, daß das Paar ›sich sah‹, was auch immer das bedeuten mochte; und daß sie ihre Kinder ›sah‹. Meine Mutter schloß daraus, daß die Ehe noch zu retten war, und verhielt sich dementsprechend. Aber als sie ihre Tochter besuchte, saß diese in einem schäbigen möblierten Zimmer, hatte einen Job als Schreibkraft angenommen und verdiente so wenig, daß sie unmöglich auch nur anständig davon essen konnte. Sie sah krank aus und wurde es auch bald, lag im Bett und las kommunistische Bücher und wurde von ihren neuen kommunistischen Freunden besucht, die – erstaunlicherweise – ganz wie normale Leute wirkten.

Um ein Urteil gebeten – eine zufriedenstellende Formulierung –, sagte mein Vater gereizt, daß ihn das überhaupt nicht überrasche, sie sei vor allem viel zu jung für die Ehe gewesen.

Meine Mutter brauchte dringend so etwas wie die rituelle Austreibung des Bösen, erst Verdammung, dann Tränen der Reue, dann Klagen über schlechte Behandlung oder sonstiges Erduldenmüssen. Doch nichts dergleichen geschah, und nicht einmal aus dem mißhandelten Ehemann konnte sie etwas Vernünftiges herausbekommen.

Wir reden heute ständig über den Generationsunterschied. Hat es aber je einen größeren Unterschied gegeben als den zwischen der Generation meiner Eltern und meiner eigenen? Sie glaubten, das britische Weltreich sei die größte Macht des Guten auf der Welt und Gott denke genauso. Daß die Weißen allen nichtweißen Rassen und die britischen Weißen den übrigen Weißen überlegen seien. Daß die weiße Minderheit mit Gottes Billigung in den Kolonien herrsche, um die Eingeborenen zu zivilisieren und auf eine höhere Stufe zu heben. Sie glaubten an Pflicht und Patriotismus. Daran, eine Arbeit um ihrer selbst willen gut zu machen. An die Dauer einer Ehe. An Familienleben.

Was wir über das britische Weltreich dachten – oder irgendein Weltreich –, über Rassismus, Sexismus, Ungleichheit und so weiter, ist zur neuen Orthodoxie geworden, und es ist unnötig, es hier auszubreiten. Aber zu jener Zeit damals während des Krieges, und vielleicht wegen seiner Schrecklichkeit, glaubten wir (wir besonderen jungen Leute, von denen es – kurz gesagt – eine Menge gab), daß die ganze Welt sehr bald nach dem Krieg freiwillig den Kommunismus erwählen werde aufgrund seiner offenkundigen und einleuchtenden Überlegenheit; daß es niemals mehr zum Krieg kommen werde; daß der Staat in jedem Land aus eigenem Antrieb ›absterben‹ werde; daß (wahrscheinlich innerhalb von zehn Jahren) weltweit das Goldene Zeitalter anbrechen werde, ohne Armut, Ungerechtigkeit, Unglück gleich welcher Art.

Hätten meine Eltern gewußt, was sich in meinem Kopf tat, sie hätten mich für verrückt gehalten; und heute stimme ich ihnen darin zu. Außer den eben erwähnten unausgegorenen Glaubenssätzen hatte ich höchstpersönlich noch einige ziemlich erstaunliche Überzeugungen, die entstanden waren durch jenen ewig währenden Alptraum, nämlich mitzuerleben, wie sich meine Eltern langsam aufrieben. Ich wußte, daß, wenn ich die Ehe aufgäbe, ich irgendeine dunkle, verhängnisvolle Linie durchbräche, die, unsichtbar, doch unüberwindlich, meinen Vater, einst gesund, stark und schön, zu einem zänkischen, am Krieg zerbrochenen Mann gemacht hatte, der mit sechzig auf den Tod wartete; die meine Mutter aus einer starken, klugen und tüchtigen Frau in eine kränkelnde, neurotische und unglückliche Person verwandelt hatte. Indem ich die Ehe hinter mir ließe, würde ich meine Kinder davor bewahren, diesem Weg zu folgen, als trüge ich eine Art Gen, nicht physisch, sondern psychisch; oder als wäre ich Träger einer Krankheit, die Jahrzehnte brauchte, bis sie sich zeigt. Diese Gedanken teilte ich keiner Menschenseele mit, auch wenn ich fest spürte, als ich bei meinem Vater saß und seine Hand hielt, daß er mich sofort verstehen würde, wenn ich tatsächlich in Worte faßte, was ich fühlte.

Sehr bald kam zu all dem Schlimmen, das meine Mutter schon erdulden mußte, noch Schlimmeres, als nämlich die Pflichtvergessene mit derselben unbekümmerten Formlosigkeit wie schon beim ersten Mal wieder heiratete, diesmal einen der Flüchtlinge, mit denen sie herumzog. Und ein Deutscher war er! Einen Deutschen heiraten, wo man sich mitten im Krieg gegen Deutschland befand! Einen im Ausland lebenden Feind! Erkundigungen ergaben, daß dieser neue Schwiegersohn »aus guter Familie« stammte, auch wenn er Halbjude war. Wenn sie schon unbedingt einen Ausländer heiraten mußte – sie hätte es noch schlimmer treffen können. Als man ihr vorwarf, sie versuche absichtlich durch die Heirat mit einem Feind die Eltern unglücklich zu machen, war alles, was sie darauf sagte, als Flüchtling sei er doch wohl offenkundig gegen Hitler? Der Mann selbst war zum Erschrecken, der Inbegriff des Fremdartigen, des Preußischen sogar, er war kalt, korrekt und förmlich. Man wußte nie genau, was er dachte. Er glich Conrad Veidt*. Warum, warum nur diesen Mann? Ein größerer Gegensatz als zwischen den beiden war nicht vorstellbar: dieser bedächtige, kalte, förmliche Mann und die so lebhafte, flinke, tatkräftige, humorvolle junge Frau – das war jedenfalls die Beschreibung ihrer Tochter, die meine Mutter gehört hatte, auch wenn sie selbst sie gewiß nie so erlebt hatte. Dieses ungleiche Paar gab bald eine neue Schwangerschaft bekannt, und es war zwecklos zu fragen: »Was für einen Sinn hat es, Frank und die Kinder zu verlassen, wenn du fast auf der Stelle wieder schwanger wirst?«

»Das verstehst du nicht, Mutter! «

Nein, wahrhaftig nicht; und ihr Mann auch nicht. Er schien in diesem neuerlichen Tort nur einen weiteren Ausdruck der herrschenden destruktiven Tendenzen zu sehen, Teil des Krieges, Teil dessen, was man in Kriegszei-

* Conrad Veidt, ein Schauspieler, spielte in dem Film *Das Cabinet des Dr Caligari* (1926) eine Hauptrolle, eine etwas undurchsichtige Figur (A. d. Ü.)

ten zu erwarten hatte. Und nein, ›sprechen‹ würde er nicht mit dem Mädchen; wann hatte das je genutzt?

Das Baby kam auf die Welt, gesund und prächtig wie die anderen Kinder, und wurde sofort der Liebling seines Großvaters, der ohne Lebenskraft im Bett lag, das Baby neben sich, und unaufhaltsam dahinstarb, und er wußte es und haßte diese Hinfälligkeit.

Meine Mutter sehnte sich nach Beistand in diesem langen Sterbeprozeß. Vielleicht käme er von ihrem Sohn? Er war aus dem Krieg zurückgekehrt, schwerhörig von all dem Geschützdonner in den vielen Seegefechten. Er war langsam, lächelte ständig, höflich und geistesabwesend und sprach nicht über die Schlachten. Wie die meisten Frontsoldaten nach dem Krieg befand auch er sich in einem Schockzustand. Er half ihr, doch nicht so, wie sie es sich so dringend wünschte, nämlich daß man ihr Verantwortung abnähme, Verständnis zeigte für das, was sie durchmachte. Und er dachte daran, sich zu verheiraten, und war selten daheim.

Der neue Schwiegersohn Gottfried war immer bereit, sie in Gelddingen zu beraten. Er kannte sich bestens darin aus. Sie hatte es aufgegeben, verstehen zu wollen, wie ein Kommunist so weltklug sein konnte. Aber sie hatte keine Tochter! Natürlich kam dieses neue Paar, Gottfried und Doris, sofort, wenn man es darum bat, am Bett des Sterbenden zu wachen, damit sie weggehen und sich ein bißchen Ruhe gönnen oder einkaufen konnte. Aber das Ganze spielte sich nie ungezwungen ab, war nie etwas, das sie als selbstverständlich hinnehmen konnte ..., sie wußte nicht, was sie ohne die beiden tun sollte, doch sie waren wie nette Nachbarn, die bereit sind, einen Freundschaftsdienst zu erweisen, und diese furchtbare Zerreißprobe, mit einem Sterbenden, der der Krankenpflege rund um die Uhr bedurfte, war allein ihr und nicht auch deren Problem.

Wieder stand sie vor etwas, das ihre Vorstellungskraft überstieg.

Die Gruppe von Leuten, mit der ich meine Zeit verbrachte, hatte viele gemeinsame, nie in Frage gestellte Anschauungen, und nur einige davon waren politischer Natur. Im nachhinein scheint bemerkenswert, was wir alles gemeinsam hatten, obwohl wir aus so verschiedenen Ländern, verschiedenen Gesellschaftsschichten kamen. Wir waren uns alle einig hinsichtlich der Familie, die noch nicht ›Kernfamilie‹ hieß. Uns von den Eltern loszulösen war unsere dringlichste Aufgabe gewesen, und die meisten von uns hatten sich schon früh abgesetzt und ihren eigenen Lebensunterhalt verdient. Für einen jeden von uns wäre es unvorstellbar gewesen, zu Hause bei den Eltern zu wohnen. Man mußte den Eltern in jeder Weise und zu allen Zeiten Widerstand leisten, nicht nur weil sie reaktionär waren – das verstand sich von selbst –, sondern weil sie unser Leben für uns leben wollten. Der tyrannische Vater des vergangenen Jahrhunderts war zwar besiegt, aber durch die Mütter ersetzt worden, die unsere Gefühle tyrannisierten. Alle jungen Frauen, mit denen ich zusammenkam, hatten Probleme mit ihren Müttern. Wir mußten sie bekämpfen, sie waren Blutsauger, saugten uns das Leben selbst aus. Wir hatten uns,

außer einer, alle von ihnen losgesagt, und diese eine war ein bemitleidenswertes Opfer, das immer kränkelte und deren verbleibende Kraft nicht ihrem Mann galt, sondern ihrer übermächtigen Mutter, die nie von ihrer Seite wich. Aber wir wußten alle – mit ›alle‹ meine ich unsere Männer und auch die Frauen –, was das eigentliche Problem war und wie man es hätte lösen müssen. Diese zermürbenden und gefühlszudringlichen Mütter waren zu ihrer Zeit und auf ihre Art selbst ungewöhnlich gewesen, hatten die Suffragetten unterstützt, um eine Karriere gekämpft. Doch auch sie waren besiegt worden. So einfach war das! »Nach erfolgter Revolution« (eine Wendung, die aus irgendeinem Grund zunehmend ironisch gebraucht wurde) gäbe es die richtigen Kinderkrippen und Kindergärten und eine richtige Gesetzgebung, und dieses Phänomen von Frauen mittleren Alters, die aufs tote Gleis gestellt waren und nichts anderes zu tun hatten, als durch ihre Kinder zu leben, existierte dann nicht mehr.

Unterdessen hatten wir – die jungen Frauen – Angst. Was konnte uns davor retten, genauso wie unsere Mütter zu werden? Offensichtlich reichte bloße Willensstärke nicht aus.

Heute beunruhigt mich, daß ich in meinen Überlegungen nicht viel weiter bin als damals. Einerseits war da diese arme Frau, die – schuldlos und infolge einer Unglückskette, die mit dem Tod ihrer Mutter, als sie drei war, begann – Liebe, Unterstützung und Wertschätzung verdiente. Andererseits jedoch mußte sie jede Minute bekriegt werden, da sie mich ansonsten verschlungen hätte. Die Gedanken drehen sich unermüdlich im Kreise.

Dennoch sehe ich gewisse ironische Aspekte, die mir damals entgangen sind. Etwa, daß die Schwarzen, für die wir angeblich kämpften, kein Wort von alldem verstanden hätten. Alte Leute wurden geachtet, Familien und Sippen halfen einander aus; und die Vorstellung, daß eine ältere Frau mit einem sterbenden Ehemann der seelischen Erpressung hätte angeklagt werden können, weil sie Hilfe verlangte, wäre ihnen lächerlich erschienen. Aber das war damals, bevor die Zivilisation der Weißen ihr Werk getan hatte. Der Krieg war zu Ende. Die Männer, die in den Norden gegangen waren – jene, die nicht umgekommen waren –, kehrten zurück. Sie standen unter Schock. Hunderttausende von Air-Force-Männern reisten nach England ab. Südrhodesien kam wieder zu sich, nur, daß viele ehemalige italienische Kriegsgefangene sich entschlossen dazubleiben. Griechen tauchten auf, die vor dem Bürgerkrieg in ihrer Heimat geflohen waren. Zahllose Kap-Weiße, Afrikaner, kamen ins Land und ließen sich hier nieder. War das wirklich noch eine britische Kolonie? Für Leute wie meine Mutter war sie es zweifellos; sie mußte es sein.

Ihr Sohn heiratete.

Ihr Mann starb. Auf dem Totenschein hätte es heißen sollen: Todesursache: Erster Weltkrieg.

Sie war nun Witwe. Die beiden Kinder redeten ihr zu, sich wieder zu verheiraten. Das sei grausam von ihnen, und nein, sie glaube nicht, daß sie es gut meinten: sie hätten nur Angst, sie würde ihnen zur Last fallen. Wie konnte man sich denn wieder verheiraten, wenn man dies einmal so ganz und gar gewesen war? Gleichgültig, ob mit dem Mann, den man hätte eigentlich heiraten sollen (gemeint war natürlich der junge Arzt, der im Ersten Weltkrieg mit dem Schiff untergegangen war), oder mit jemand anderem – das spielte keine Rolle: sie war etwa dreißig Jahre mit dem Vater ihrer Kinder verheiratet gewesen. Ja, sie erinnerte sich genau, wie sie früher auf der Farm eines Abends, als sie vor dem Haus saß und den Sonnenuntergang betrachtete oder die Sterne (Zeit und Ort für solche Gespräche) und als gerade von ihrer Stiefmutter die Rede war, die allein in einem Vorort von London lebte, doch gern (wie Maude und Michael nur zu gut wußten) nach Afrika auf die Farm gekommen wäre –, wie sie da gesagt hatte: »Ich jedenfalls werde meinen Kindern nicht zur Last fallen, ich hoffe, ich sterbe vorher.«

Aber sie war Mitte Sechzig, kräftig, voller Energie. Beide Kinder drängten sie, den ehrenvollen Aufforderungen, die sie bekam, für Organisationen wie das Rote Kreuz zu arbeiten, doch nachzukommen. Ja, sie wußte schon, daß sie bei so etwas gut war, das war nur natürlich, doch sie wollte nicht für irgendeine unpersönliche Sache arbeiten, sie wollte bei ihrer Familie bleiben: es war die Pflicht einer jeden Frau, sich aufzuopfern ...

Aber ihre Tochter, die schien sie überhaupt nicht zu benötigen. Die verbrachte ihre Zeit noch immer mit dieser Gruppe von Leuten, Kommunisten und Kafferngesellen, die offenbar nie ohne einander sein konnten. Zu jeder Tages- und Nachtzeit und wo sie sich auch gerade aufhielten (Doris und Gottfried zogen anscheinend dauernd um), immer war ihr Domizil voller Menschen –

Menschen, die redeten, redeten; ohne Unterlaß! Gottfried arbeitete viel. Er hatte zwei Jobs, einen in einem Anwaltsbüro, den anderen bei Tabaksauktionen. Für beide wurde er miserabel bezahlt: ausgebeutet wohl, weil er Deutscher und Flüchtling war: aber so *mußten* diese Leute aus der Gruppe ja reden. Ihre Tochter hatte eine Teilzeitarbeit und verdiente ganz gut, und das neue Baby war in einer Krippe untergebracht und gedieh bei diesem Kommuneleben. Hilfsangebote wurden selten wahrgenommen.

Auch ihr Sohn schien sie nicht nötig zu haben: seine junge Frau war so tüchtig und arbeitete so hart wie sie selbst.

Dann erfuhr sie, daß diese zweite Ehe durch Scheidung beendet werden sollte. Gott sei Dank war der arme Michael tot, sein Herz konnte nicht mehr brechen angesichts der neuen Tragödie. Die jedoch gar nicht als solche betrachtet wurde. Nicht nur stand das scheidungswillige Paar auf bestem Fuß miteinander, sondern es lebte sogar, während die Scheidung lief, im selben Haus. Und was sollte man von einer Szene halten, wo auf einem Picknick alle – Frank, der erste Ehemann, die beiden Kinder mit der neuen Stiefmutter und der zweite Mann mit dem Neugeborenen und ihre Tochter – sich verhielten, als wäre nichts Besonderes. Nichts wurde gesagt, nichts erklärt, niemand weihte sie je in etwas ein: oder wenn es geschah, mochte sie ihren Ohren nicht trauen.

Ihre Tochter zog mit dem Baby nach England, lehnte Hilfsangebote ab, sei es Geld (nicht, daß es da viel gab) oder Unterstützung von dortigen Verwandten. Gottfried würde, so schien es, bald nachfolgen.

Na schön, sie würde auch nach England gehen. So in die Heimat zurückkehren: als alte Frau mit sehr wenig Geld, keinem Unterkommen und keiner richtigen Aufgabe, die sie dort erwartete, hinter einer Tochter herzuziehen, die immer nur eine Leidensquelle gewesen war, während sie doch all die Jahre auf der Farm davon geträumt hatte, wie sie heimkehren und dort weitermachen würde, wo sie einst aufgehört hatte ..., nun, das Leben war, wie Michael zu sagen pflegte, ein Schwindel.

Sie verkaufte ihr Hab und Gut in Salisbury, erstand eine Schreibmaschine und brachte sich das Tippen bei. Sie würde die Sekretärin ihrer Tochter werden.

Es gab Gründe, weshalb sie gern fortgehen würde. Der erste Roman, »The Grass is Singing« (deutsch: *Afrikanische Tragödie*), war erschienen. Sie war peinlich berührt. In England würden sie dergleichen natürlich bewundern, doch es war verkehrt und ungerecht den Weißen gegenüber. Die Leute waren taktvoll, doch sie konnte sich vorstellen, was hinter ihrem Rücken geredet wurde. Südrhodesien verlassen bedeutete auch die Erinnerungen an die endlosen Krankheiten ihres Mannes, an den Mißerfolg der Farm und die ewigen Reibereien mit ihrer Tochter zurücklassen. Und jetzt erschienen auch Erzählungen, die Stück für Stück genauso schlimm wie der Roman waren. Egal, sie würde mit ihrer Tochter leben oder in ihrer Nähe und ihr Leben aufopfern ...

Zwei Jahre später kehrte sie nach Südrhodesien zurück, geflohen vor der Eisigkeit des Klimas – sie hatte vergessen, wie furchtbar das sein konnte –und ihrer Tochter, die einfach keine Hilfe annahm, sie nicht wollte – und ihrer dennoch bedurfte, jeder konnte das sehen.

Sie zog in die Nähe ihres Sohnes. Schon bald starb sie an einem Herzanfall. Es war wie so oft, wenn alte Leute sterben: Jeder weiß, sie hätten überhaupt noch nicht zu sterben brauchen, wäre da etwas Handfestes für sie zu tun gewesen; hätten sie das Gefühl gehabt, von jemandem gebraucht und benötigt zu werden.

Familiäre Verhältnisse bei Wagenbach

Tanguy Viel Paris - Brest *Roman*

Nicht immer sind Familien Orte der Geborgenheit und Liebe ... Dieser bitterböse Roman handelt von einer bretonischen Sippe, in der keiner keinem traut. Und zwar aus gutem Grund. Ein meisterhafter, burlesker Familienkrimi.

Aus dem Französischen von Hinrich Schmidt-Henkel
Quart*buch*. Gebunden mit Schutzumschlag. 144 Seiten

J.J. Voskuil Die Mutter von Nicolien *Roman*

Eine Frau wird buchstäblich um den Verstand gebracht – von einer Krankheit. Mitunter ist es zum Lachen, welche absurden Bemerkungen sie macht. Doch vor allem ist ihr Vergessen beunruhigend. Schleichend entwickelt sich die Demenz, unberechenbar. Eine wahre, ebenso traurige wie alltägliche Geschichte.

Aus dem Niederländischen von Gerd Busse
Quart*buch*. Gebunden mit Schutzumschlag. 256 Seiten

Wytske Versteeg BOY *Roman*

»Ich kann nicht mehr«. Den Zettel mit seinen letzten Worten deponiert der schöne, stille Boy in der Manteltasche seiner Theaterlehrerin. Als sie ihn findet, ist es längst zu spät.

Aus dem Niederländischen von Christiane Burkhardt
WAT 755. Broschiert. 240 Seiten

Michela Murgia Accabadora *Roman*

Eine Geschichte über Mutter und Tochter, wie sie noch nie erzählt worden ist. Ein Roman, in dem das archaische und das moderne Italien aufeinandertreffen.

Aus dem Italienischen von Julika Brandestini
WAT 768. Broschiert. 176 Seiten

Natalia Ginzburg Familienlexikon
Das mit dem Premio Strega ausgezeichnete Hauptwerk Natalia Ginzburgs ist nicht nur das komische Portrait einer denkwürdigen Familie, sondern zugleich ein großartiges Portrait Italiens.
Aus dem Italienischen und mit einem Nachwort von Alice Vollenweider
WAT 563. Broschiert. 192 Seiten

Francesca Melandri Eva schläft *Roman*
»Nur einmal in ihrem Leben konnte sich meine Mutter Gerda der Liebe eines Mannes gewiss sein, und ich der eines Vaters. All die anderen kamen und gingen wie ein Wolkenbruch im Sommer.«
Aus dem Italienischen von Bruno Genzler
WAT 805. Broschiert. 440 Seiten

Kathy Page All unsere Jahre *Roman*
Aus einem langen, gemeinsam verbrachten Leben erzählt dieser Roman das Außergewöhnliche im Gewöhnlichen: die ungleiche Liebe zweier ungleicher Menschen.
Aus dem Englischen von Beatrice Faßbender
WAT 843. Broschiert. 336 Seiten

Vita Sackville-West Unerwartete Leidenschaft
Lady Slane ist 88 Jahre alt, als sie erkennt, dass sie sich in ihrem ganzen Leben bisher nur nach ihrem Mann gerichtet hat. Kaum ist er tot, trifft sie zum ersten Mal eigene Entscheidungen.
Aus dem Englischen von Hans B. Wagenseil
WAT 754. Broschiert. 240 Seiten

Frauen erzählen von Frauen

Sara Mesa Eine Liebe *Roman*
Dies ist keine Liebesgeschichte – oder etwa doch? Sara Mesas preisgekrönter Roman über gemischte Gefühle, ein Dorf auf der Suche nach einem Sündenbock und eine Frau, die auf schmerzhafte Weise in die Eigenbrötlerei findet: beunruhigend, betörend präzise und im besten Sinne merkwürdig.
Aus dem Spanischen von Peter Kultzen
WAT 864. Broschiert. 192 Seiten

Françoise Sagan Lieben Sie Brahms … *Roman*
Bei seinem Erscheinen war der Roman über die Liebe von Paule zu dem 15 Jahre jüngeren Mann eine Provokation – heute ist er ein Klassiker der französischen Literatur.
Aus dem Französischen von Helga Treichl
WAT 797. Broschiert. 144 Seiten

Deborah Levy Heim schwimmen *Roman*
Es könnte ein Ferienidyll sein an der französischen Riviera – wäre da nicht Kitty Finch, die sich in der Villa einnistet und die Lebenshülsen der englischen Familie Jacobs in sich zusammenfallen lässt. Mit kühler Lakonie hält Deborah Levy den Leser bis zum unerwarteten Ende gefangen.
Aus dem Englischen von Richard Barth
WAT 837. Broschiert. 160 Seiten

Wenn Sie mehr über den Verlag und seine Bücher wissen möchten, schreiben Sie uns eine Postkarte oder elektronische Nachricht (mit Anschrift und E-Mail). Wir informieren Sie dann regelmäßig über unser Programm und unsere Veranstaltungen.

Verlag Klaus Wagenbach Emser Straße 40/41 10719 Berlin
www.wagenbach.de vertrieb@wagenbach.de